放眼看天下

林逸民評論集

序

副總統 賴清德

我與林醫師相識已久，能夠受邀撰寫《放眼看天下》序文，深感榮幸。因為林醫師為追求自由民主及落實台灣主體意識所展現的強烈使命感，讓我在從政過程中，獲得許多啟發。

林醫師曾留美三十年，長期致力眼科醫學研究、教學與醫療工作，曾經獲得美國眼科學院院士及美國外科學院院士的殊榮。林醫師雖然身在海外，但卻始終心繫台灣，長年支持台灣民主運動；一九九二年毅然回台，接手宜蘭羅東的五福眼科，當起「草地醫師」深耕偏鄉，造福鄉親。在醫病、醫人之餘，更進一步投身關懷公共事務，於一九九六年當選第三屆國民大會代表，當時我有幸與林醫師共同參與修憲工作，一起宣揚自由民主價值理念，呼籲健全政府體制。

這本評論集彙整林醫師兩年多來的百餘篇文章，內容從內政到外交，從兩岸到國際，充分展現林醫師見聞及涉獵之廣博。順著林醫師的文章一路讀來，時光彷彿回到二〇二一年初，重要歷史事件再次一一浮現，也讓我格外深刻感受：在歷史的每一道關卡，我們的每一個抉擇，都決定了下一步、甚至下一個十年會看見的風景。儘管置身其中往往當局者迷，不過值得慶幸的是，台灣許多有識之士，始終能以敏銳的洞察力放眼看天下，針砭時政，如醍醐灌頂，甘露滋心，林醫師各篇評論宛如手術刀般犀利精準的剖析，便是最好的例子。

林醫師秉持「上醫醫國」理念，在多篇文章中強調台灣必須「自助而後天助，必先靠自己」。在蔡英文總統的領導下，台灣已走在正確的道路上，台灣人民對自由民主前所未有的堅持，也讓世界看見台灣是個堅韌之島，國際上理念相近國家支持民主台灣的力量，更是史無前例的團結強大。身為台灣人，我們不該小看自己，必須積極培養具備全球格局的責任感，讓台灣和世界理念相同的國家共同努力，一起促進區域和平與穩定。

這本評論中也不乏對於執政團隊的批評與期許。有期待，才有批評。聽得進批評，才有進步的可能。我從政以來，不論在哪個職務，很幸運的都能受到林醫師的忠言提點與指教，獲益匪淺。今天這本評論集，可以說是林醫師對台灣的愛，獻給台灣人的禮物。我很榮幸有機會透過這篇序文，表達對林醫師的感佩；盼望有更多讀者細細品味，感受其中精神，不論我們身在何處、站在什麼位置，都能一起為台灣民主、和平與繁榮的未來，共同打拚奮鬥。

二〇二三年五月

序 台灣主體的傳教士

立法院長 游錫堃

這個時代如果還有一點希望，我想是因為有些人仍然願意在世俗的名利之外，懷抱理想，並一生為它奉獻不逾。[1]

這是三十年前，我獲邀為林逸民醫師的岳父陳五福先生所寫的祝禱文開頭。當時，陳五福醫師不只是聞名全國的眼科名醫，還因為一生為貧病弱勢奉獻、戮力於盲生福利而被喻為「台灣的史懷哲」，受到社會大眾的尊敬。

陳五福醫師不幸仙逝後的三十年來，他的女婿兼愛將林逸民醫師秉承遺志，繼續為台灣這片土地與人民奉獻。林醫師不僅奉獻杏林；他醫病救人更要救國，二〇一八年與有志之士創立福和會，如今擔任理事長的他，近年筆耕不輟，一個星期一篇政論文章，以台灣為關照主體，剖析台、美、日、中、亞洲和歐洲等地國際局勢，篇篇振聾發聵、擲地有聲。林醫師的這本文集《放眼看天下》，就是收錄整理了二〇二一年初到二〇二三年夏天高達一百多篇的國內外局勢政論分析。

也是在二〇二一年到二〇二三年這段時日，疫情中的台灣，民主自由成果普獲國際評比肯定[2]；也適逢這段時日，台灣站上國際舞台，全球的鎂光燈不斷地打在台灣這座島嶼之上。台灣面對印太地區威權第一線，瞬息萬變的國際大浪拍岸而來，一舉一動都成為國際焦點。二〇二〇年就職立法院長置身國會的我，有幸親身參與國會外交第一線，為台灣主體性及國家正常化的理想而努力，在案牘勞形之際，撥空捧讀林醫師的政論，總感心有戚戚焉！它也宛如夜歸家門口的一盞燈，點亮了希望。

「這個時代如果還有一點希望，我想是因為有些人仍然願意在世俗的名利之外，懷抱理想，並一生為它奉獻不逾。」前述那段三十年前我為陳五福醫師所寫的祝禱文開頭，我認為，也是今日林醫師的寫照。

林醫師的這本作品，從二〇二一的大疫之年開頭，談起拜登政府繼承川普大包圍中國戰略，國內也有四大公投蠢蠢欲動；接著進入兵凶戰危的二〇二二年，烏俄戰爭敲響了全世界警惕霸權中國的鼓聲，全球政經舞台唱起抗共挺台的主旋律，國內卻以執政黨民進黨在縣市長選舉慘敗作收；最後，全書在二〇二三上半年，全球以鋼鐵意志挺烏克蘭捍衛自由民主為基調，國內以兵役改革有備而來，執政的民進黨以謙虛反省開新局作結。

林醫師這本作品站穩台灣主體性的立場，許多篇章列舉出許多事件與實例，討論國家正名的議題，可謂「台灣主體性的傳教士」。此外，分析世界各國涉我的國際局勢時，都有厚實的新聞資料作為基礎；論證台灣與國外情勢時，援引許多歷史與政治學文獻，一語道破、具有說服力，不落於掉書袋或文獻推砌，易讀、易懂、易傳播，可以說是「一本讀懂近三年來台灣國際局勢的大補帖」。

這本作品另有一個特色，就是充滿林醫師曾經留美三十年累積的國際關係洞見與人文素養，有著爭民主、愛自由、台灣人出頭天、愛拚才會贏的強烈性格，那正是深愛台灣的厚實情感；當然，我也讀到林醫師對執政者，不論是行政部門或是立法部門的殷切期許，因而感到任重道遠，一再警惕自身。

林醫師多年於公於私對人民社會國家的奉獻，我相信很大一部分真傳於已故的陳五福醫師。身為宜蘭人，不能不知宜蘭事，陳五福醫師敬天愛人、人飢己飢人溺己溺的行誼，已經是杏林與宜蘭的典範。

三十年前林醫師競選國大代表前，陳五福醫師如是諄諄囑咐：

咱是在地人，不是過路客，
台灣前途需要大家共同**關心**，
做人需要堅持原則，自己要有**信心**，
對人要有**誠心**，不可有**私心**，對鄉土要有**愛心**，對社會更有**慈善心**，對咱台灣未來的世世代代子孫與國家前途要有**責任心**。咱需要為自己和後代創造一個**健康美麗的生存環境**；咱需要為每一個人，包括殘障者，建立一個**公義公平的社會**；咱需要為子孫**建立一個愛好自由、和平，有國際人格的國家**。[3]

我相信，過去這三十年來，林醫師就是踏踏實實地抱持著這「七心」：「關心、信心、誠心、沒有私心、愛心、慈善心和責任心」，一步一腳印，為土地、人民奉獻，也是秉持這七心而筆耕不輟，因為，「咱需要為子孫建立一個愛好自由、和平，有國際人格的國家」！

期盼讀者能透過林醫師這本大作，共同守護民主、一起放眼看天下，齊心打造更輝煌的台灣未來！

二〇二三年五月三十一日於立法院

註

1 游錫堃，〈附錄：懇請與默禱〉，收錄於曹永洋，《噶瑪蘭的燭光》（台北：前衛，一九九三年），頁三二二至三二三。

2 二〇二三年二月，英國經濟學人資訊社（EIU）公布的二〇二二民主指數報告，台灣是「全面民主」國家，在一百六十七個國家與地區中，蟬連亞洲之冠，總排名第十名，為亞洲唯一前十名之內。二〇二三年三月，美國人權組織「自由之家」公布二〇二三年全球自由報告，兩百一十個國家和地區，台灣獲九十四分，名列自由國家，排名全球第十八名，在亞洲則僅次於日本。

3 林逸民，〈附錄：我的岳父〉，收錄於曹永洋，《噶瑪蘭的燭光》（台北：前衛，一九九三年），頁三五六至三五七。

序 建構台灣正常社會的《常識》

資深新聞工作者 盧世祥

唸大學時，我認為同學裡文章寫得最好的，不是來自文學院，也未必是以社會科學見長的法學院，而是醫學院。如今，拜讀眼科名醫林逸民的大著，再度印證我五十多年前的觀察與印象；不僅如此，他的文章除了充滿台灣心，也放眼天下，析論鞭辟入裡，篇篇精彩，讓人讀來一目了然，受益良多。

本書集結二〇二一年初到二〇二三年春夏的作品，大抵每週一篇，除了其間的時事，疫情、戰爭、選舉、地緣政治、中國脅迫等主題之外，也討論社會關切的公共議題，並提出改革之道。在光怪陸離言論充斥、名嘴糊瘰瘰的台灣意見市場，名醫出手，不同凡響，有如空谷足音，是彌足珍貴的正論。

名醫放眼天下的特色，在其論述既深且廣，既立足於台灣，有正派的台灣心，從事件背景及歷史正本清源，也有寬廣的國際觀，旁徵博引，舉各國前例為他山之石；且在專業論事之際，不脫離常識常理及普世價值。從而構成本書的立論與見識，較諸坊間的泛泛之談，高下立見。

就以我的祖居地安平為例，談知名的安平古堡，作者細數古堡來歷及演變，指出如今整體建築大部分並非古堡，分建於日本時代和戰後，真正的荷蘭時代熱蘭遮城堡，只留片段殘牆，凸顯台灣不斷遭外力入侵的滄桑歷史。事實上，古堡所在的安平，西拉雅族原住民稱「大員」，後為「台灣」地名之所自。中國明朝官員曾言「大員非大明版圖」，鄭氏王朝改熱蘭遮城為王城（安平六角頭或六社之一有「王城西社」，盧家世居於此），大清先稱「此地未入版圖」，後割給日本；且中華民國和中華人民共和國成立時，領土都沒有台灣。古堡的斷壁殘垣，其實是「台灣從不屬於中國」的明證。〈從古堡殘牆看「台灣從不屬於中國」〉一文，整理史實，脈絡既出，功力立見。

同樣地，〈台灣與中國一邊一國，兩岸互不隸屬〉，查考中原各王朝歷史紀錄，台灣是「外夷」，頂多僅澎湖遭納入版圖，宋、元、明的「琉球國」、「瑠求」或列入「海外諸國」，都「非我版圖」，證明「台灣自古不屬中國」；大清康熙時才「取入版圖」，但也僅領有西半部；況且孫中山要「驅逐韃虜」，不認其為「中華」。後因割讓日本，近代民國及人民共和國建立，都與台灣無關。

從而，談雙十「國慶」，作者考究歷史，指這是源自當初湖北軍政府的片段，國民黨編成神話，每年演出，卻無關台灣。跟中國談和平是痴人說夢，中國歷史就是背信史，向來「不識字」，只認武力，條約及「和平協定」是用來撕毀的。作者把中國外交大咖楊潔篪說成鴉片戰爭的林則徐，也是深入歷史的類比。

名醫不僅對台灣、中國史如數家珍，國際史也廣博引據，令人折服。喬治・華盛頓原是大英國主義者，轉變成美國開國元勛；《常識》（*Common Sense*）作者派恩（Thomas Paine）從英國到殖民地兩年，卻因此書而成美國獨立重大推手。美國獨立戰爭歷經奮力自強，以自助贏得法國人助和天助。同樣地，以色列與猶太人奮鬥堅忍，立陶宛不畏大國，緬甸民主倒退，日本安倍家族反共抗中親台，讀者都可有歷史脈絡的深入理解。

名醫論時事，且正逢瘟疫肆虐，從醫療角度談疫苗、防疫、抗疫之外，在泛政治的台灣，疫情上綱為政治攻防熱門議題，中國及其同路人藉機興風作浪，而與友邦的防疫物資、疫苗交流備受關注，本書都有析論。同樣是醫學專業，對「萊豬」問題的解析，深入淺出，〈敦厚台灣人不會說堅實摯友的食物有毒〉是我讀到討論這一議題的最佳文章。不僅疫情，包括國防政策、兵役制度、經貿產業發展、能源供需、媒體批判等公共政策要項，作者都有深入而中肯的論述。

論公共政策，作者倡議的保守理念與價值觀躍然紙上。以二〇二三年初困擾民生的雞蛋價漲與供需失衡為例，作者強調，這是國際因素導致的糧食安全問題，但台灣「萬能政府」心態必須調整，尊重並善用市場機能，讓公眾適應市場波動，才是因應國際環境變化日亟之道。同樣地，我國多年來以賺取外匯為貿易唯一想法，以壓抑新台幣為能事，對進口品課重稅，出口導向政策造成內需萎縮，不利提升國民生活品質與素養；開放自由的貿易是台灣的命脈；改變心態與政策，做大台灣市場，才是正辦。對於引進外籍人才，他不認同「會搶了本國人工作」、違反市場基本原理而採取保護主義的做法。作者不但為文倡議保守價值，也主持社團法人「福和會」（Formosa Republican Association）以身體力行，強調台灣社會需要「穩健、務實、傳承、發展」的右派，重視個人權利與責任，重振家庭價值，減少政府干預，尊重市場機能，保守價值並非守舊。

既論時事，臧否人物自為本書重要內容。至今掛著中國旗號的國民黨最受批判：漠視普世價值與歷史趨勢，滿心只想抱中國大腿，推銷虛假的「九二共識」，以「孩子上戰場」恐嚇選民，質疑美國保不保護台灣，二〇二一年推出四項公投鬧劇……作者對此都有淋漓盡致的析論。對主政的民進黨和蔡英文則批評與期盼兼而有之：躲在「中華民國」空殼陰影、自稱China、對東奧正名運動諸多阻撓、維護「中華台北」及「中華隊」不倫不類名稱、處理所謂「萊豬」「核食」及加入ＣＰＴＰＰ的自誤、二〇二二年九合一大選沒收初選及提名亂象；要

「蔡總統，莫忘自己所言」、「民進黨，勿忘台灣人民託付任務」。

對個別人物，也有褒貶：宣揚「我是台灣人，不是中國人」的鬥士鍾逸人、出錢出力為台灣的曹興誠、執槍誓死捍衛家園的烏克蘭老婦、揭穿中國「國王新衣」的裴洛西、屢為台灣仗義執言的龐皮歐，都值得鼓掌按讚。另一方面，邱義仁的國際觀不足、郭正亮的政治幼稚病、馬英九濫用卸任總統身分、朱立倫反美卻提籃假燒金、陳長文推銷國王新衣、趙春山妄想與獨夫對話、趙少康胡扯「六碗豬肝」論並吹擂中國疫苗、謝龍介「睪丸縮小」論……都應撻伐；龍應台該回去重讀自己過去的文章。至於親中統派政媒隔海唱和、以為躺平就會和平的投降派、台灣人面對威脅卻歌舞昇平、帶頭捕風捉影的媒體及公視亂象等，也逃不出名醫的法眼。

好文章要有妙喻，讓讀者心領神會，甚至拍案叫絕。作者長於此道，茲舉幾例。其一是「女星老公」：美國「認知」中國宣稱台灣是中國的一部分，但從未正式承認中國的認定，好比瘋狂影迷自稱是女星的老公，旁人不想得罪他，就說我「認知」到你這樣想。其次是「遇熊裝死」：台灣有人說，不挑釁中國就能避戰而有和平，有如傳說遇到熊要裝死不要挑釁，但那是熊不理會你的時候，若熊把你當食物，裝死只是讓牠輕鬆大快朵頤。還有「哆啦A夢」：大雄對技安卑躬屈膝，百般討好，卻常遭霸凌，只有小叮噹拿出法寶，技安才不敢欺負大雄；國民黨卻總說，小叮噹準備法寶就是戰爭，大雄要摒棄小叮噹，去跟技安磕頭就有「和平」。

作者在美國是醫學教授、院士，毅然返回心所愛的家鄉服務人群，從而，名醫大作處處顯現它濃濃的台灣情懷，以台灣人的常識常理論事，期盼強化主體性，建設台灣為正常國家。他強調，自由民主人權，是台灣最大的價值所在，台灣是國家，與中國沒有瓜葛，要打破「一個中國」假象，以「台灣」之名，行走國際；對中國而言，只要不接受其統治，台灣存在就是對它的挑釁，台灣人都是台獨。面對威脅，台灣不能自我放棄，自己要能戰，展現自衛決心，做好全民國防；要降低戰爭風險，須體認風險，堅定面對，備戰才是和平唯一辦法。同時，民主與獨裁之間，台灣不能站錯邊，親近美日歐是和平保衛台灣之道；但台灣必先靠自己，自助而後人助天助，延長兵役、提高國防預算、強化心防，台灣有以待之，有充分的戰備，「有所不可攻」，始能無懼大敵當前。

我認識名醫，以讀他的文章開始，逐漸從讀者變粉絲，如今居然有機會為個人欽佩的作者寫下讀書心得，並推介於社會各界，真是莫大的榮幸。深信本書的出版，對於我們台灣正在面對挑戰，早日成為正常國家之路，必可發揮如派恩《常識》那樣的影響力。

序

作家 范疇

讀者如果把林逸民醫師這本書當成一本政論集來閱讀，那恐怕就狹隘了。我個人是以穿透紙張、甚至穿透紙張上所印刷的文字，將目光散發至台灣的整個歷史大螢幕，來咀嚼每篇文章背後的用心的。

每篇文章不過是一個光點，而且光點還是散落的，但當你宏觀的看到每一個光點時，輪廓就出現了，那個輪廓就是台灣。不但是台灣，而且還是個在世界座標系中的台灣。

台灣歷經許多國家的侵佔、殖民和統治，近代史四百年來，大社會中那些不服氣的人，大多被掌權方洗刷、壓抑了。政治界、知識界、文化藝術界的菁英，可說是所剩無幾。唯獨醫界，大概是由於醫生對誰都有用的原因，得以一脈相承。這導致了許多對威權不服氣的聰明人，匯集於醫界。這群人，不見得都是初始就是「非當醫師」之人，但是由於大都是聰明人，因而許多也發展成為醫術有成之著名醫師，甚至成為對世界醫學研究具有極大貢獻之人。

林逸民醫師，在我看來，就是這樣一位奇才。他不太顯山露水、對自己的醫學研究貢獻頗為低調，但在偶爾的媒體訪談的隻言片語間，顯示了他就是一個從小好奇、不服氣於威權、因緣際會的走上了研究加臨床的從醫之道。

因為鄉土責任感，他以八十之齡仍然在偏鄉照顧盲人及眼疾看診；因為好奇、不服氣及聰明，他早已在壯年期就晉身世界眼科學界之前沿隊伍；因為社會關懷感，他周轉於台灣各大醫院系統以建立機制、提拔後進。

他做的人生選擇，其實已經不枉此生。但是，人生還是不放過他。或許更精確的講，台灣還沒放過他的台灣情懷。

台灣的國家命運，此時此刻可以說已經打拚到了九局下半，三人在壘。或許一記全壘打就可定案，但也或許對手的一記曲線球就將局面逼入加局延長賽。

逸民先生開始發文論政，而今集結成書《放眼看天下》。但如前述，請不要只看每一顆光點，退一步，看這些光點所描出的整體輪廓。另一方面，也請注意這些光點的投射角度都聚焦於一點——台灣的國家前途。

最後，我想以一個比喻，加上一個案例，來結束我對《放眼看天下》這本文集的讀後感。比喻就是：這本書像是一片遠近兩用的鏡片，有些內容看遠處的台灣，有些內容看近在當下的台灣。

案例就是：林逸民醫師是一位永遠以全局觀、系統觀看世界的人，在行醫中，他永遠由病徵找病灶，由病灶推論病理。他有一個鮮為人知的病例：**診斷出一位十二年的自閉兒，造成其自閉的真實原因其實是先天重度近視。**

這樣的一位研究人類眼睛的醫師，台灣願意讓他好好檢查一下嗎？

台北，台灣

二〇二三年五月十五日

序 胸懷天下・俠骨仁心

總統府秘書長 林佳龍

能受邀為林逸民醫師這本集結兩年多專欄文章的新書《放眼看天下》寫推薦序，感到非常榮幸。林逸民醫師不只是醫師，他的文字裡有胸懷家國天下的大愛，也有體恤人民的悲憫，那些對當權者不間斷的提醒，如似早期台灣士紳的良心。

林逸民醫師曾在日本與美國深造醫學專業，早年在海外已擁有卓越的聲譽。由於一顆愛台灣、愛鄉土的心，林醫師放棄海外發展的機會，選擇回到宜蘭繼承「五福眼科」造福地方。林醫師不僅在醫學本業上有著過人的建樹，他更不間斷地以其獨到的洞見與廣博的知識，關注著台灣所面臨的各種重要問題，本書將林醫師的評論集結成冊，讀來也甚有醍醐灌頂的快意。

林醫師不忘從國際的角度探究世界變遷，並將台灣帶入思考。我想，林醫師是本著「醫國」的情懷對當前時事進行評論，並積極探求台灣未來發展的各種可能性。而在他的文章中，林醫師也總是敢於提出問題並挑戰現狀，同時不忘呼籲台灣的領導者與全體國民共同努力面對挑戰，幫助我們「看得」更清楚，「矯正」台灣的視野。

身兼宣揚自由民主理念的「福和會」理事長的林逸民醫師，他堅信台灣是台灣人民的國家，更勇於展現其對台灣走向「正常國家」地位的強烈主張。由於有著推動「國家正常化」的共同理念，近年來我也向林醫師請益不少，獲益良多，唯有無私才能持續推動大業。

猶記我投入新北市長選舉時，林醫師曾為我出版的《承擔：林佳龍的危機領導學》一書寫了一篇序文。在序文中他強調，領導者在關鍵時刻需要具備危機領導的能力，並且強調良好的領導者應該投入真正的政策研究，致力於培養優秀的領導人。我想，這也是為何近年來林醫師除不間斷提筆撰述外，更致力於提點台灣政治工作者，必須思考台灣更長遠的規劃。

醫者仁心，文字是林醫師理念的結晶，也是他春風化語的途徑，台灣何其幸運，自蔣渭水先生之後，醫界永遠都有俠醫，認知政治之於社會的巨大影響，進而投入關懷。如果把台灣看成一個人，我們有許多的病兆皆在林醫師的文章裡，而他也提出許多方案，指導我們邁向國家健康之路。

期盼讀者在閱讀《放眼看天下》一書的過程中，能提醒自己，台灣唯有持續與世界連結，謹慎理解世界的脈動，方能逐步調整自己的格局，走出一條視野明亮的康莊大道。

目次

2021

2022

特別收錄

2023

這是大疫之年。
又逢川普卸任、拜登上場的新時代，
中美貿易戰會如何發展？
台美關係又將如何變化？

年底尚有「反萊豬」、「公投綁大選」、「重啟核四」及「珍愛藻礁」的四大公投，執政的民進黨是否能成功地說服民眾投下反對票？

挑戰，總是接踵而至。

2021

拜登承諾堅如磐石，台灣應自信以對

川普卸任、拜登就任，讓許多台灣人相當擔心，認為美國對台政策將有巨大變動，然而，美國身為成熟的民主國家，其國際戰略具有一致性，並不隨著領導人更迭而有劇烈改變，拜登政府連日來即不斷證明此點。

對台灣而言，拜登邀請蕭美琴參與就職，是四十二年來台灣代表首度出席美國總統就職，所傳達的意義相當明確，使得中國報復性的在二十三、二十四日連續派出十三架、十五架軍機擾台。在中國軍機擾台後，拜登政府發出更明確的訊息，美國國務院發言人普萊斯發表聲明：

「我們敦促北京停止軍事、外交與經濟上壓迫台灣，相反的，應與台灣民選領袖進行有意義的對話。」「我們將力挺盟友，在印太地區提升我們共同的繁榮、安全與價值——而這包括加深我們與民主台灣的關係。」「我們將繼續支持台灣維持足以自衛的能力，我們對台灣的承諾堅如磐石（rock-solid），有助於維持此區域內的台灣海峽兩岸和平與穩定。」

之前，針對中國制裁川普政府以龐皮歐為首的二十八名官員，拜登上任後也立即對中國嚴詞批評，稱中國制裁行動是「沒有建設性」、「小家子氣」，拜登政府立即為川普政府官員發聲即警告中國：美國施政有延續性，不容中國挑撥離間。

拜登政府一連串堅定反應，意在向中國傳達明確訊息，讓中國完全了解美國國際戰略——包括台海——沒有因政權移交而有任何改變。中共派軍機擾台行為，反而促使拜登政府更加表明立場，可說踢到鐵板。

拜登政府在日本方面，重申美日安保條約包括尖閣群島（釣魚台），在南海方面，目前派遣羅斯福號航母戰鬥群前往坐鎮，對中國可說毫無放鬆。另一方面，在中東，拜登政府亦重申，將繼續協助以色列與周邊阿拉伯國家關係正常化。拜登政府諸多措施，就是要向全球盟友表態：雖然拜登與川普在執行細節上可能會有不同，但與盟友的戰略關係不會改變。

台灣方面自然也是如此，台灣仍是美國在印太戰略上的重要關鍵，台灣人民應對自己有信心。普萊斯聲明中指出，美國支持台海和平解決的方式，「與台灣人民的最佳利益與願望一致」，這提醒我們：台灣人民必須表達出獨立自主的心願，自助而後人助、天助。

二〇二一年一月二十六日

緬甸政變，點醒台灣民主可貴

緬甸自二〇二〇年大選後，軍方就蠢蠢欲動，二〇二一年一月底警告將發動政變，二月一日清晨突襲仰光，逮捕翁山蘇姬、總統溫敏等執政黨領袖，宣布實施為期一年的緊急狀態，由軍方支持的副總統成為緬甸代理總統，所有權力移交緬甸國防軍總司令敏昂來，消息震撼全球。

緬甸以一九八八年八月八日大示威為名的「8888民運」，相對於台灣於一九八七年解嚴，可說都在同一個時間點開始民主化過程，數十年後，結果卻大不相同，緬甸不但回歸軍政府控制，人民也普遍還在窮困中掙扎，台灣則完成民主化、人均所得突破三萬美元，還有傲視全球的防疫成就，台積電在產業界的地位，使各國政府前來向經濟部關說，央求增加車用晶片供給。

翁山蘇姬當年因母親中風返國照料，適逢風起雲湧的「8888民運」，於是投身加入，最終民運慘遭血腥鎮壓，翁山蘇姬也遭多次長期軟禁，至二〇一〇年才被釋放，二〇一二年領導緬甸全國民主聯盟在國會補選中初試啼聲，並於二〇一五年率領全民盟於大選中勝選執政。

然而全民盟執政仍無法擺脫軍政府的背後掌控，二〇一六年起，更陷入英國殖民時代與二戰時種下的仇恨，軍政府時代加劇的若開省族群衝突危機，遭批評「種族清洗羅興亞人」，翁山蘇姬形象大壞，過去所得的和平與人權獎項因此遭一一撤銷。

二〇二〇年大選全民盟仍舊大勝，但軍方聲稱有八百六十萬起選舉舞弊，要求宣布選舉無效，緊接著發動政變，一切回歸原點。

緬甸的民主化倒退，在「阿拉伯之春」諸多追求民主國家全面失敗後，再添上一筆民主化失敗案例，在在顯示民主化其實是極為艱難的道路，也映襯出台灣的「寧靜革命」有多麼難能可貴。

李登輝先生留給全台灣難能可貴的民主成就，是世界歷史上的奇蹟，台灣人過去不知不覺間就民主化，以為任一國家隨著時間都會自然民主化，這樣的想法實為身在福中不知福。放眼人類歷史，大多數民主化歷程不是坎坷血腥，就是在不斷的革命中輪迴。

對照緬甸，台灣何其有幸，全民也應該共同珍惜，共同深化民主，以民主機制來化解歧見，團結前進，不辜負李登輝先生留給我們的偉大遺產。

二〇二一年二月二日

愛中國疫苗，馬趙請先打

疫苗施打策略是很科學的問題，因應每個國家不同的情況，該如何做，如何選擇，其實都有理性的最佳解答。然而，凡事政治化的政治人物，仍會將問題拿來做政治炒作。最鮮明的就是馬前總統，以及想選總統的趙少康，不僅一同鼓吹中國疫苗，還把施打策略問題，渲染成台海問題。

全世界選用中國疫苗的國家並非主流，其中不乏阮囊羞澀的第三世界國家，阿根廷、秘魯採用中國疫苗，還爆發特權醜聞，導致衛生部長下台，相信大多數台灣人並不願意與這些國家並列。姑且不論主流與否，本質上直接跳到是否採用中國疫苗，邏輯上就已完全錯誤。最先探討的應該是：以台灣現況，如何防疫才是最佳辦法？

台灣由於防堵疫情成功，恐慌式爭搶疫苗毫無必要。持續當前防疫策略，繼續保持幾個月並不困難，維持國內為全球淨土的同時，先仔細觀察其他衝刺疫苗國家，施打各家疫苗後的情況，再來做出最佳選擇。

目前各家疫苗僅有輝瑞ＢＮＴ疫苗，因與以色列密切合作，擁有大規模施打的效度數據，有效率達百分之九十五・八，其他疫苗都要等待各國大規模施打後陸續分析。哪種疫苗最有效、副作用相對低、品質穩定，數月後應可見真章。

屆時，第一波衝刺疫苗國家也已施打大部分，加上疫苗產能持續開出，物流系統完備，疫苗更容易取得、價格更優惠，台灣可好整以暇，挑選最有效的安全疫苗，並以合理價格，穩定取得供貨。而非如疫情嚴重國家亂衝一通，讓疫苗大廠待價而沽，甚至花大錢還拿不到貨。

英國與以色列因為防疫失敗，國內大流行，被迫衝刺疫苗，視疫苗為回復正常生活的一線生機，但台灣每天都過著正常生活，跟兩國狀況完全不同。國民黨人卻鼓吹捨棄全民努力防疫換來的戰略優勢，要跟防疫失敗國家一起爭搶疫苗，以推動其引進中國疫苗的愛中情懷。

在此向馬前總統、趙少康等喜愛中國疫苗者公開喊話，政府依法不能採購中國疫苗，這也是國民黨時代的立法，若鍾情中國疫苗，福和會身為民間組織，願意與中國科興、國藥、康希諾三大疫苗廠商洽購，禮遇馬前總統為第一號施打者，趙少康先生為第二號，連勝文先生原本宣稱要第一個施打，委屈一下當第三號。施打完後，請三位前往疫區，以身作則證明疫苗的效力。

屆時並請三位千萬要以身作則，不要落跑，否則就是證明中國疫苗不可信，往後就不要再提中國疫苗了。

二〇二一年二月二十三日

半導體兵家必爭，台灣放手一搏

二〇〇一年，澳洲記者克雷格艾迪生（Craig Addison）的著作《矽屏障》出版，當時即引發相當的討論，二十年後，隨著半導體的應用層面更擴大，矽屏障的論點再次得到驗證，不僅當年所論述的資訊科技產業，全球汽車產業也受半導體零組件制約，歐洲、日本、美國大車廠不得不發動政治遊說，施壓政府尋求台灣幫助，解決半導體荒。

美國總統拜登一上任，即面臨汽車產業因半導體缺貨而被迫停產的問題，可說是當頭棒喝，因此立即大力關切產業供應鏈問題，二月二十五日下達總統命令，全面檢討美國半導體、電池、醫藥、稀土等四大產業供應鏈安全。拜登更表示，要「找出半導體短缺的解決方案」，為了確保半導體供應，不惜斥資三百七十億美元。

這項命令一出，美國在台協會處長酈英傑隨即於二月二十五日同時會見台灣半導體上下游產業的業者。美國在台協會並強調，台灣正是確保半導體供應鏈的重要夥伴，也是美國可靠的朋友。

台灣因產業地位而擁有戰略籌碼，可說無心插柳柳成蔭，數十年來台灣在中國的廉價製造威脅下，被迫不斷自我提升求生存，企業與人民胼手胝足努力於全球競爭發展，並非為了國防戰略，純粹是為了爭一口飯，回過頭來，發現經濟發展最終剛好成為國家戰略籌碼。

台灣與美國在產業戰略上密切合作，固然讓國人軍心大振，但也帶來另一個問題：若「護國神山」台積電與上下游產業投資美國，是否「矽屏障」就消失了？

其實恰恰相反，台灣畢竟處於中國軍事武器投射範圍內，若是美國的重要產業供應鏈隨時可受到中國軍事威脅，反而會投鼠忌器。台灣若協助美國產業回復一定自給率，不僅能得到美國更友善的對待，也是在強化美國對抗中國的底氣。

台灣廠商投資美國，同樣不僅是國家戰略問題，而是利之所趨，為了商業上貼近市場，以及享受美國如今將對半導體自給的政策優惠，同時也能加深台灣與美國的合作關係，並增加台灣人在半導體產業赴美就業機會，相信台灣人對此可樂觀其成。

二〇二一年三月二日

擺脫一個中國，台灣應積極回應

一直以來，中國無疑是台灣生存的最大障礙與威脅，但即使以美國為首的盟國，也總以「一個中國」畫地自限，雖然近年美國對「一中」的解讀逐漸起了變化，從中國希望的一個中國，逐漸變成台灣希望的一中一台，但是這道緊箍咒仍是台灣人心中的最大不平。

二月二十六日，美國威斯康辛州共和黨眾議員湯姆第凡內以及賓州共和黨眾議員史考特佩瑞，提出共同決議法案，呼籲美國政府終結落伍又無益處的「一個中國」政策。兩位友台眾議員於去年（二〇二〇）九月川普總統任內時，曾提出類似決議法案，雖然法案沒有辦法出委員會，但是當時的美國國務卿龐皮歐後來以全面開放台美官方交流回應，為台灣民心士氣打了一劑強心針。

兩位眾議員在法案條文中，直指「一個中國」政策落伍、無法反映美國與台灣人民的利益，也與台灣現況實情不符，他們並強調，台灣已經是獨立七十多年的主權國家。而中國則武器化「一個中國」，用來作為國際上打壓台灣的工具。兩人並強烈抨擊中國總是聲稱台灣為中國的一部分，駁斥為虛假謊言。

過去雖然美國國會對台灣總是比較友善，然而川普時代以前，即使是共和黨執政時期，共和黨國會議員也不可能提出如此釜底抽薪的決議法案，如今對於美國國會議員如此友台的表示，台灣卻僅有外交部發言人歐江安表達感謝。

此一法案目前還在立法程序，然而，根據對美國民主政治運作的了解，過去美國對外類似決議，在國會最終能不能獲得通過，當事國的態度影響重大。站在美國國會議員的立場可以明白，若是推動一項有助該國的法案，該國卻反應平平，好似覺得不需要，那麼國會當然意興闌珊。為了增加此一決議通過的機會，台灣各界實在應該清楚地表達堅定的立場與態度。

平心而論，美國國會友人為台灣仗義執言、說出真相，即使只是提案，仍應大力呼應，並以此為契機，讓全球明白台海實況。政府忙於推銷「自由鳳梨」的同時，勿忘從根源擊破中國的長期打壓，應藉此良機熱切回應，打破「一個中國」假象，提升國際對台灣問題的認識，自美國開始，逐步推翻不公不義、不合時宜，且深植於各國的「一個中國」政策。

二〇二一年三月九日

台灣享有人助也要自助

美國政權輪替，讓台灣人提心吊膽好一陣子，畢竟共和黨川普總統是歷來最支持台灣的美國總統，民主黨拜登上台是否延續政策，總有變數，但事實證明，美國國家戰略具有延續性，不因政權輪替而改變，拜登政府保台抗中的基調越來越鮮明。

美國國務卿布林肯十日出席美國眾議院外交委員會「拜登政府外交政策優先事項」聽證會時，公開以「國家」稱呼台灣，可說是為延續前任龐皮歐時代承認台灣的政策方向一錘定音，更承諾將邀請台灣參加拜登提議的民主峰會。

早先，拜登於三日發布任內首份國家安全戰略指南，明確支持台灣「這個主要的民主政體、關鍵的經濟與安全夥伴」，該指南同時指出，中國已變得過於自信，美國要戰勝過度自信和專制的中國，確保是由美國而不是中國制定國際議題。拜登五日任命台裔法學教授吳修銘加入白宮國家經濟委員會擔任總統特別助理，吳修銘的父親吳明達曾於多倫多擔任加拿大台獨聯盟主席，立場不言自明。

然而，對抗中國，不只靠立場上的支持，更重要的是實際的國防武力，在此，重要盟邦日本，對台灣提出善意警告，日本防衛大臣岸信夫十三日參加加拿大智庫視訊會議，更指「中國正持續快速地強化軍事力量，和台灣的軍事平衡朝對中國方面有利的方向變化，且差距有逐年擴大傾向。」

美國方面也同樣認為中國威脅加強，美國印太司令部表示，在世紀之交，台灣防衛軍事能力超過中國，但現在已不再是如此，對未來六年情勢深感憂心，對此，台灣投資自身的國防武力是極度關鍵。在這方面，印太司令部積極支持軍售台灣，更提出應在第一島鏈佈建陸基飛彈來制衡中國。

天助人助，還須自助，盟友力挺台灣的情勢已經非常明確，台灣本身也必須做出相對應的努力，國家安全始終靠自己，台灣應積極思考提升國防預算，增加軍購並有效運用，衡量產生的排擠效應，決定需要犧牲哪些預算，這是奠定台灣維護主權獨立的最重要事項。若有可能，更應爭取美軍在台灣設立相關軍事機構，例如印太司令部提倡的飛彈基地，或是非正式、甚至正式駐軍台灣。

執政黨以八百一十七萬張支持維護台灣主權的選票當選，面對中國，應主動提出上述規劃，若是總統不便過度主動提出，也應由國會議員倡議，積極回應美國主張；光是全民吃鳳梨，是不足維護台灣價值的。

二〇二一年三月十六日

楊潔篪成林則徐，恐引中美戰爭

鴉片戰爭是近代中國走向巨變的開端，戰爭前期的重要人物林則徐，如今被視為反毒民族英雄，其實，林則徐最早曾向道光皇帝建議停止「銀漏」的辦法是種植本土鴉片，只因道光皇帝堅定反毒，才趕緊轉換立場；林則徐一味主戰，也與義和團盲目排外有所不同，他是最早開始命人翻譯外文國際法與世界地理書籍的中國官員，當時還遭輿論抨擊為「潰夷夏之防」。

一百八十多年後，如今中國再度出現這樣扭曲時代下的矛盾人物：中國談判代表楊潔篪，在美中阿拉斯加會談開場，超時十幾分鐘，毫無外交常識的全面謾罵美國，成為「戰狼」外交的最新代表人物。但是，楊潔篪並非一向如此。

楊潔篪的外交生涯一路自美國歷練，二〇〇一年發生南海撞機事件，他全力奔走化解小布希政府對中國的敵意，是著名的知美調停人，柔軟身段得到長袖善舞的評價，在美國廣受歡迎，老布希總統親自幫他取綽號，以其名「篪」，以及生肖屬虎，取為「老虎楊」，本是備受美國疼愛的小貓，曾幾何時已化身戰狼。

一八四一年，林則徐流放伊犁途中，致書友人侃侃而談清英雙方在軍事技術上有極大差距，然而，即使林則徐明知開戰必敗，當他奉命擔任欽差大臣時，還是要虎虎生風的對英商極度強硬，一路往開戰的方向推進。原因當然是揣摩上意。

英國駐華商務總監義律（Sir Charles Elliot）原本並不同情鴉片商人，曾經抱怨販毒獲利是大英帝國之恥，更認為非法走私不值得保護，在英國國內，保守黨原本也不支持派兵保護鴉片走私商，然而經過林則徐一連串發揚「大漢天威」式的擴大衝突後，義律轉向準備開戰，英國國會也以九票之差險勝，通過戰爭預算，鴉片戰爭開打，迎來中國所稱的首次「喪權辱國」。

歷史總會重演，楊潔篪化身戰狼，當然也是「皇帝」的旨意，其言論讓中國「小粉紅」們為發揚大漢天威拍手叫好，但是，拜登政府及其美國左派支持者，不像川普打定主意與中國全面對抗，原本還天真的幻想，能用對談解決問題，在這一陣臭罵之後，能不轉而全面主戰嗎？戰狼滿足了國內的民族主義情緒，迎來全面衝突。

現代國際局勢不易擦槍走火為全面軍事戰爭，然而純商貿版本的「鴉片戰爭」，已難以避免。未來會不會再度成為中國巨變的契機？對台灣來說，兵凶戰危，我們期望和平，但也必須隨時準備好應對戰爭發生，不論是軍事戰爭，或是貿易戰，台灣都不可能置身事外。

二〇二一年三月二十三日

從古堡殘牆看「台灣從不屬於中國」

台南「安平古堡」園區充滿歷史的矛盾，整體建築大部分並非古堡，多層平台上洋樓，是一九三〇年日本時代所興建的海關宿舍，其中最突出的瞭望塔，則是一九七五年國民黨政府所興建，真正屬於熱蘭遮城堡的僅有片段殘牆。這樣有如科學怪人般的怪異組合，正是台灣歷史的斑斑鐵證，道盡台灣歷史上不斷遭到外力入侵的滄桑。

「安平」名稱同樣是外來入侵證據。荷蘭人建立堡壘之處，原名「大員」，來自西拉雅族大員社，大員也是整個台灣名稱的由來。鄭成功接手之後，改名安平，名字源自於自己的第二故鄉，福建泉州府晉江縣的安平鎮。

十七世紀初，荷蘭獨立戰爭的後半場，荷蘭為了阻截西班牙貿易，兩次嘗試佔領澎湖失敗，明朝官員透過大海盜李旦向荷蘭人勸說「大員非大明版圖」，鼓勵荷蘭人前往台灣。荷蘭長官宋克因而於一六二四年拆除澎湖城寨，將建材運來台灣，建立熱蘭遮城。

鄭成功接手之後作為王城，一六八三年鄭氏滅亡，城堡荒廢傾頹，一八六八年清英樟腦戰爭中，遭到英國戰艦砲擊，命中城內軍火庫，炸毀成為廢墟；一八七四年牡丹社事件後，滿清加強台灣防務，沈葆楨逕自搬走廢墟磚材，用以興建二鯤鯓砲台（即億載金城）；日本時代進一步剷平城垣，改建為如今的紅磚平台與洋房。

猶太人有著名的哭牆，是波斯帝國時代猶太人重建聖殿古牆的殘餘，殘牆象徵猶太人歷經顛沛流離，加上聖殿的信仰意義，成為祈禱朝聖之處。熱蘭遮城僅剩殘牆，是台灣一再遭到外來入侵留下的傷痕，卻也意外成為台灣獨立於世的明證。

熱蘭遮建城，正因明朝認為台灣在版圖以外。鄭成功計畫攻打台灣，部下張煌言〈上延平郡王書〉反對，稱「自古未聞以輜重、眷屬置於外夷，而後經營中原者。」認為台灣是「外夷」，不屬於「中原」。施琅率清軍攻台後，於《靖海紀事》中稱「此地自天地開闢以來，未入版圖」。

滿清於甲午戰爭後割讓台灣，一九一二年中華民國成立時，領土沒有台灣，一九四九年中華人民共和國成立時，領土也沒有台灣。

二〇二〇年底，川普政府國務卿龐皮歐公開表明「台灣從來不是中國的一部分，過去三十五年來美國民主、共和兩黨政府所遵循的政策都承認此事。」美國政黨輪替後，新任國務卿布林肯這個月十日出席美國眾議院外交委員會聽證會時，公開稱呼台灣是「國家」，美國國防部官網日前再度明確指出「台灣從來都不是中國的一部分」。

自天地開闢以來，台灣都不屬於中國，是歷史事實，台灣從來不是中國的一部分，是美國民主、共和兩黨的共識，但這樣的事實讓美國人幫我們講，實在難為情，熱蘭遮城殘牆佇立至今，台灣人憑弔之餘，也應大聲說出：台灣是台灣，從來不屬於中國。

二〇二一年三月三十日

九二從來無共識，井水河水兩不犯

國民黨身為最大反對黨，對國政除了為反對而反對以外，從來就提不出任何國家長遠發展之計，這個問題有很根本的病因，就是每當國民黨內要討論國家方向，第一個就先要對所謂「九二共識」的神主牌進行一番大辯論，最後無疾而終。

國民黨主席江啟臣三二九發表新書《破浪啟程》，又重複這個宿命性的定律。江在國民黨毫無方向、亟需改革的當下，提出的主張又是「九二共識Plus」，聲稱國民黨目前的兩岸路線是要「站在九二共識改造九二共識」，聽起來就好像俗語說的「穿著西裝改西裝」；其實，三月十二日，前主席馬英九才針對香港局勢於東吳大學校慶侃侃而談：「我覺得這是從一九八二年，鄧小平提出一國兩制的想法以來，這個構想正式進入歷史，換句話說，宣告它的死亡。」但馬卻還念念不忘，稱「九二共識」並未因此被宣告死亡，這是兩回事。

事實上，兩位黨主席的困難與憂慮都是不必要的，在此給他們一個良心的建議，也是歷史的事實，那就是「九二共識」從未存在過。

所謂「九二共識」，在歷史上，是因應一九九三年辜振甫、汪道涵兩人在新加坡進行所謂

「辜汪會談」，一九九二年，台灣與中國雙方先行派遣代表於香港討論辜汪會談內容及具體共識，結果是，沒有產生任何共識。

時任總統的李登輝先生，卸任後多次說明並沒有共識；同時，不僅李登輝的日後證言，其實一九九二年十一月一日國民黨黨報《中央日報》就報導「兩岸對一個中國表述無共識」；十五日，陸委會官方新聞稿更明白表示，香港會談因「中共凸顯政治意圖、海協會缺乏誠意、海協會代表授權不足、商談時間太短」而功虧一簣。

當年馬英九任陸委會副主委除了見證歷史，向媒體宣讀前述四大香港會談功虧一簣的原因時，更稱「海協會既然派員到香港進行商談，理應在上述議題得到具體結果之後，再行離港。海協會代表卻不顧海基會繼續商談的要求，逕行返回大陸。所以，根本沒有共識的結果出現」。

也就是，一九九二年從來就沒有任何共識誕生，到二〇〇〇年，蘇起才發明了這個可笑的虛無名詞；然而，國民黨像是遭惡靈纏身，被這個從未存在過的共識迷惑，還當成了神主牌，把虛無當成信仰，自然扼殺了自己的未來。

江啟臣是國民黨內年輕世代，人民本來對他改革國民黨抱持厚望，不料一出手又遭不存在的共識附身，只能說註定要歸於虛無。國民黨若要成為歷史的灰燼請自便，但請不要拖累台灣，誤導善良的台灣人民。尤其馬英九身為歷史的見證人，不要再睜眼說瞎話，老實承認過去親口說過的「九二無共識」，台灣中國對結合從無共識，兩岸就井水河水各不相犯吧！

二〇二一年四月六日

台語即將滅絕，搶救要趁早

教育部「台灣本土語言調查報告」顯示，一九八六至一九九四年出生的台灣人，能說台語比例僅百分之二十二・三，依照聯合國標準，台語的世代傳承危險程度已接近第三級的「明確危險」，台灣已施行母語教育十九年，台語卻仍然走向滅絕之路，必須立即以行動拯救。

台語衰亡的原因之一，是她仍然持續受到一種隱性打壓，那就是新詞彙的缺乏。

中文原本也同樣缺乏所有現代所需要的詞彙，「經濟」、「科學」、「文明」、「自由」、「健康」、「名詞」等等大量現代中文必備詞彙，都是清末民初時從日本引進。同個年代，台灣日本時代，台語也一樣透過日本引進大量新詞彙，因而能在戰後產業界繼續順利使用，例如：

引擎「（沿進）iân-jìn／エンジン／engine」；方向盤「（含兜魯）han-tóo-luh／ハンドル／handle」；螺絲起子「（螺賴把）loo-lái-bà／ドライバー／driver」；短路「（秀斗）sio-to／ショート／short」；鋁「（阿嚕米）a-lú-mi／アルミ／aluminum」。

還有許多日常用語包括：啤酒「（必魯）bì-lù／ビール／beer」；便當「（便當）piān-tong／弁当」；銀行帳戶「kháu-tsō／口座」；司機「（運將）un-tsiang／運ちゃん」；心情「（奇摩子）khì-moo-tsih／氣持ち」等族繁不及備載。

日本時代引進這些台語外來語詞彙，讓台語能與時俱進。如今台語面臨消亡危機，根本因素之一，正是沒能繼續引進必要的外來語。

國民黨時代既然要打壓，自然不會協助引進新外來語，但民進黨執政時代，對此也嚴重輕忽。政府應該責成國立編譯館，進行有系統性的外來語引進與標準化工作，這是復興台語關鍵的基礎工作。

其次，大眾文化對語言的推動力是復興台語不可或缺的力量。許多台灣人因喜愛日劇、韓劇去學習日語、韓語。台灣需要集結國家與社會資源，製作出更多不同種類、大眾化、膾炙人口的影劇，讓年輕一代的台灣人重新能夠講台灣話。

教育部與文化部共同出資五百五十萬，替《櫻桃小丸子》等四部動畫台語配音，於民視播出，這是相當重要的一個嘗試，也是正確的方向，未來期待更多動畫與外國影劇有台語配音，更期待鼓勵優質大眾化台語戲劇的製作。

二〇二一年四月十三日

國際形勢大不同，前朝官員請閉嘴

美國總統拜登派遣其摯友、前聯邦參議員陶德及兩位前副國務卿——阿米塔吉、史坦伯格訪台，對台美外交圈有基本認識者，都明白阿米塔吉的代表性。緊接著，美國邀請日本首相菅義偉至白宮舉行高峰會，會後聯合聲明強力說出台灣，使得日本四大媒體頭版史無前例均由台灣包辦，日本台灣交流協會更升起台灣國旗，這些明確的大動作，在在顯示美日走向戰略清晰，明確支持台灣。

然而，馬英九時代的國安會前副秘書長楊永明，卻還在廣播節目中堅稱「拜登式的戰略模糊」，並老調重彈主張台灣應擺出進行兩岸對談的姿態，避免兩岸衝突。

過去美日的確曾有過戰略模糊時代，歐巴馬執政年代，一方面進行「亞太再平衡」，一方面卻與中國糾纏不清，甚至默許馬習會；然而，前朝官員則應與時俱進，不能永遠活在昔日，如今美國戰略早已截然不同。

拜登明確繼承川普的政策，事實上，應該說，拜登與川普都是根據美國利益，做出一致性的政策考量，那就是必須與中國說清楚講明白，堅定立場，才能嚇阻中國不至於輕舉妄動。美國主動拋棄戰略模糊，日本也跟進，值此關頭，台灣也同樣越來越沒有模糊的空間。

國民黨歷史上是受美國支持才能存活，國民黨人對美國卻又有複雜的情結，總是動不動想要反美。但國家生存應該以理性思考，美國對台灣並無領土野心，中國則天天想滅亡台灣，甚至還做不到，就要在口頭上處處佔便宜，宣稱台灣是自己的。面對中國時時想滅台的惡劣敵意，台灣在美中對抗中，只有一邊可以選擇，那就是親美抗中。

菲律賓總統杜特蒂，原本想在美中之間左右逢源，然而，中國的領土野心不斷入侵菲律賓島嶼海域，使得杜特蒂終於只好往美國靠攏，就是戰略上的現實使然。

國民黨許多御用學者，心中滿懷不合時宜的大中國主義，因而無視國際現實，經常提倡反美親中言論，這些謬論不值一提；但是，身為國安會前副秘書長，雖是前朝官員，執政黨也不同，其發言仍可會被國際上做出特別解讀，應該謹慎，不在其位不謀其政，不要拖累台灣國際戰略，也勿陷現任的蔡英文總統於不義。

二〇二一年四月二十日

美日澳歐表態，台灣應勇於成為正常國家

台灣因為諸多歷史因素，過去在國際上舉步維艱，隨著世界主要國家逐漸認清中國是亞太區域安全最主要威脅，更為全球人權自由帶來重大危險，國際形勢已逐漸改變。

（二〇二一年）四月十七日，美國總統拜登於白宮的美日峰會上，與日本首相菅義偉發表共同聲明，聲明中明載「台灣」，表達美日共同維護台灣安全的決心，此一劃時代的創舉，讓台灣登上日本各大報頭版。

不出數日，美國兩黨眾議員共同提出「台灣國際團結法案」，主旨亦認定「聯合國二七五八號決議」的中國代表權問題，僅與中國有關，與台灣及台灣人民無關，等於明白承認「台灣中國，一邊一國」。

拜登與國會先後動作明顯表現出支持台灣，認定台灣與中國無涉，是美國的既定國策，兩黨均有共識。支持台灣的國際趨勢也不僅美國，美國印太重要盟國澳洲，其國防部長亦於二十五日表示，澳洲為了台灣與中國開戰的風險不容忽視，但澳洲會做充足準備，與盟友共同維護和平。亦即，澳洲已明確表達有為台灣而戰的決心與實質準備。

過去以德國為首，與中國關係曖昧的歐盟，面對中國人權問題已掩蓋不住，如今也逐漸轉變立場。歐盟對外事務部二十四日表態支持台灣納入五月底舉辦的世界衛生大會，強調疫情大流行下，凸顯台灣防疫成就，可貢獻應對經驗。

過去這樣的國際反應，是求之不得，然而如今有這樣的廣泛支持，台灣卻顯得好像受寵若驚、欲迎還拒，僅由外交部簡短回應。

面對國際形勢有利，以八百一十七萬台灣價值選票連任的蔡英文總統，應該勇於接受盟邦善意，並表達勇於捍衛國家主權的決心，否則澳洲都準備為台灣一戰，台灣自己反而膽怯，說得過去嗎？

蔡英文總統近日接見環團討論減碳議題，也接見盲目反對第三天然氣接收站的特定環運人士，不能說總統沒有勤於政事，然而，總統的最重要職責終究是國家戰略、國防外交。

環境問題固然重要，交由相關部會妥善進行即可；至於無視國家發展需要，無限上綱、為反對而反對的特定個人，更不應該浪費寶貴時間理會。皮之不存，毛將焉附，國家生存才是最優先，也是總統需全神貫注的領域。

二〇二一年四月二十七日

是時候以「台灣」之名行走國際了

《經濟學人》大剌剌指稱台灣是「地球上最危險的地方」，讓台灣人讀來相當刺眼，畢竟在疫情肆虐、多國內戰頻仍、天災不斷的時代，相對於全球太多真正危險之處，台灣簡直是人間天堂。

若論與中國戰爭的風險，習近平於二〇一六年起進行軍事改革以控制軍方，七大軍區調整為五大戰區，調動規模下至最基層單位，在如此大洗牌後，兵不知將、將不知兵，要能夠發動大規模作戰，恐怕最快也要在二〇二五年後，現在不斷出動並無實際作戰力的遼寧號繞台叫囂，只是「會叫的狗不咬人」。

《經濟學人》是杞人憂天，但不妨當成善意的提醒。台灣人民向來過於缺乏憂患意識，甚至一廂情願認為，只要用「中華民國」的虛假外殼來行走國際，就能安撫中國，而忽略把自己與中國混淆更為危險。

印度當前疫情極度嚴重，外交部為幫助共同抗中的重要夥伴印度，特別派遣專機運送醫療物資前往支援，但竟然又派出華航，於是外國媒體報導中，出現抗中陣營用「China Airlines」

送達物資的奇觀，可以想像外國人看到這樣的報導會有多困惑。

華航的問題只是所有源自中華民國問題的一個小小象徵，過去台灣的盟國希望保持戰略模糊，因此台灣被迫使用「Republic of China」行走國際，跟中國糾纏不清；但如今形勢已完全不同，美國為首盟邦明確走向戰略清晰，也劃分中國與台灣一邊一國。

美國國會兩黨共同提出「台灣國際團結法案」，認定聯合國第二七五八號決議僅與中國有關，無關台灣；美國近日更一再表示支持台灣參加WHA，無須在意中國反對。在世界醫師會，立委邱泰源醫師提出支持台灣參與WHA及WHO提案，以二十二比一票通過、僅中國反對，明確顯示當前國際形勢。

在國際清晰抗中的戰略中，如果台灣繼續保持模糊，會更安全嗎？恐怕適得其反。軍事家孫武在《孫子兵法》中提醒「無恃其不來，恃吾有以待也」，台灣安全不在於一廂情願地認為可安撫威脅，而應積極提升本身戰備，強化盟邦支持。

不可否認，中國二〇二五年後威脅性將急遽加強，然而只想憑著巧言敷衍中國，是不切實際的鴕鳥心態，「臥榻之側，豈容他人鼾睡」才是中國傳統，要保障自身安全，唯有強化抵抗意志，全民支持提升戰備，並與國際盟邦緊密合作，這一切都需始於不再故意模糊、敵我不分。

在此向政府提出建言：該是拋棄完成階段任務的中華民國，光明正大以台灣之名在國際上行走的時候了。

二〇二一年五月四日

小英總統一小步，台灣人民一大步

美國太空人阿姆斯壯從登月小艇邁出步伐踩上月球表面時，說出千古名言：「這是我的一小步，卻是人類的一大步。」如今，蔡英文總統身處第二任期，也有這樣千載難逢的機會。

全球最具聲譽的國防事務論壇之一、哈利法克斯國際安全論壇日前宣布蔡英文總統為二〇二〇年「馬侃公共服務領袖獎」得主，這是台灣的榮耀，也是蔡總統的功績，其背後是美國國際政策的改變，如今對中戰略走向清晰化，傾向凸顯台灣，不再把台灣的存在模糊化。蔡英文與阿姆斯壯一樣何其幸運，風雲際會，能夠跨出那關鍵一小步，寫下歷史。

對蔡英文來說，這關鍵的一小步，就是卸除國際戰略模糊時代「中華民國」的虛偽外殼，向國際主張台灣就是台灣，不是「中華民國」（Republic of China）。這一小步，並非一定要修憲更改國號或是制憲建國，只要蔡英文在國際抗中保台的氛圍下，以台灣領袖的身分，發言呼應美國國會兩黨提出的「台灣國際團結法案」，表達台灣與中國無關，代表台灣人說出追求自主的決心，那麼，看來只是不起眼的一小步，卻為台灣人民走出了第一步，邁向正常國家的一大步。

當前蔡總統領導下的政府，卻仍然躲在中華民國空殼的陰影中，為回應中國國台辦，民進黨籍陸委會發言人邱垂正教授，竟稱台灣是「中華民國成立迄今已一一〇年」；我們理解邱垂正擔任中華民國政府官職，立場上難以反對中華民國，但服膺並成為中華民國虛假法統的代言人，無疑是讓八百一十七萬選票莫大失望。

蔡政府官員如此表現，相信並非是因一當上官職就失去初衷，而是反映出對中國與台灣國際戰略有錯誤理解，認為繼續披著中華民國的外殼可「調和兩岸關係」。

事與願違，中國福建省屬事業海峽衛視特別製作台獨份子「撲克牌」，其中「Q」正是蔡英文總統，由於「K」是已過世的前總統李登輝先生，「Q」現在成為頭號台獨戰犯，中國面對自己設定的頭號台獨戰犯，會有任何調和關係的可能嗎？更何況，邱垂正所回應的國台辦談話，就是國台辦認定中華民國在一九四九年早已滅亡，頂著一個對方認為是亡靈的空殼，有任何作用嗎？

歐洲原本相當親中，如今歐盟開始與印度密切合作，共商抗中大計，法國國會更一致通過支持台灣。如今從美日澳印到歐洲，抗中保台是國際共識，台灣在這樣的氛圍下，可大膽走出等待許久的第一步，而這個歷史榮耀將屬於蔡總統，希望馬侃獎的鼓勵，能讓蔡英文總統輕踏出這不費力的一小步，將是改變台灣歷史的一大步。

二〇二一年五月十一日

防疫，執政者應堅持公義並確實執行

武漢肺炎新增染疫人數大增，昨天（二〇二一年五月十七日）新增本土案例上升到三百三十三人，使得全國風聲鶴唳，但政府防疫訊息一出，人民立即全面配合，原本繁華的台北市街道空空如也，相較之下，西班牙疫情遠比台灣嚴重，每日新增染疫人數七日平均值高達六千五百人，巴塞隆納街頭與海灘上卻有近萬群眾尋歡作樂，還得出動警方驅離。

由此比較，可以明白，絕大多數的台灣人，不需政府強制，就自主遵守防疫紀律；另一方面，此波疫情擴散之初，是由宜蘭羅東聖母醫院急診前線主治醫師警覺察覺通報，否則疫情更晚察覺，恐將更加倍擴大，也再度凸顯出第一線醫療對防疫的重大貢獻。

陳時中部長秉持專業優先、基層醫療的犧牲，與人民的配合，是台灣防疫成就的三大主因。然而，當人民與基層醫護繼續在前線緊繃作戰，卻有毫無醫療專業的不分區立委為機師召開協調會，主張政府鬆綁對機師的隔離限制，政治凌駕專業，使得指揮中心開方便之門，對機師改為寬鬆的三天隔離十一天自主管理，開放後立刻有華航機師不遵守自主管理規範，加上華航諾富特飯店防疫管理不當，如今遭到檢討，認為是防疫破口。

「3＋11」的始作俑者機師工會，最初曾遊說桃園市長，之後由本身無政治實力的執政黨不分區立委提出，民間議論紛紛，懷疑背後實際推動者為何？華航也是國營企業，長期為人詬病管理文化，諾富特作為防疫飯店，竟然不是徵用整棟而是只徵用一層，造成混亂而防疫管理失敗。國門所在的桃園市同是民進黨執政，人民並不管中央地方權責如何區分，只認都是執政黨。

蔡英文總統近來才因為黨內黑道問題以及五一三大停電而兩度道歉，如今又受此波及，相關執政黨人士，可說是陷總統於不義。陳時中部長原本以專業領導防疫，成就廣受肯定，如今卻因為外行凌駕專業，遭不當政治壓力而妥協，使得聲望蒙塵。執政黨人應記取這次教訓，尊重專業，外行請勿插手；堅持公義，政治請勿干預防疫。

就疫情本身而言，展望世界，多數國家每日新增數千數萬，台灣相較之下仍是淨土，台灣人不需過度恐慌，堅持全民防疫紀律，與基層醫療共同奮戰，遵循防疫指揮的專業指示，必可度過難關。但是，在人民與醫護已經全面配合的同時，政府更應戰戰兢兢，確實執行應有的防疫措施，勿再開方便之門，期望政府能亡羊補牢，再度成為人民信賴的堅實後盾。

二〇二一年五月十八日

停止政治口水，及早規劃疫苗施打

陳時中部長「校正回歸」釀成軒然大波，朝野政黨人士與支持者各自在輿論上為了四個字爭辯不休。其實，校正數據是全球慣例，為此吵吵嚷嚷，對防疫並無任何幫助，病毒不分國界、不分族群也不分政黨，要擊敗病毒，需要齊心合力、同舟共濟。台灣人民應該撇開政治紛擾，把注意力與公眾討論集中在重要的實務問題上。

全球疫情逐漸邁向尾聲，以色列完整接種疫苗人口比例已達百分之五十六・五、美國百分之三十九・三、英國約百分之三十三・一，三國率先開始朝向經濟正常化邁進。他們的情況告訴我們，疫情最終仍需靠普遍施打疫苗，而台灣要全面回復與國際交流貿易，全面施打疫苗勢不可少。

目前朝野為了取得疫苗相持不下。事實上，在美國完整接種人口比例已近四成的情況下，美國接下來的方針將從確保本國優先取得疫苗，轉向推動藥廠出口獲利，因此，台灣先前與全球苦苦爭搶疫苗的情況可望舒緩。然而，疫苗到貨後，才是問題的開始。

世界各國疫苗接種經驗都顯示，初期均發生嚴重物流問題與行政混亂，疫苗的冷鏈輸送、儲存、配送到接種站的一切作業，以及如何施打才能更有效率，現在就須提早規劃。

台灣當前的疫苗施打能力，若以全台灣醫療院所為基礎，一天四十萬人已是極限。台灣兩千三百萬人口，第一劑需要將近二至三個月才能接種完成，之後第二劑又要再二到三個月，人民在苦等疫苗後，是否還能再多等數個月至半年？將會是民心上的嚴酷挑戰。

疫苗何時會到貨，需看國際情勢，但疫苗施打的準備工作可先行規劃，一個可供參考的作業方式，就是我們行之有年的全國性選舉。以二〇二〇年總統大選而言，一天之內，就有一千四百多萬人完成投票，證明是個有效率的行動方式，可仿照規劃投開票所的所在地做為疫苗施打中心，屆時徵召醫護人員支援運作，讓民眾如投票時一樣到各中心施打。

疫苗施打比起投票，有更多顧慮，需要防疫隔絕的動線規劃，以及施打後的觀察時間，但估計一日仍可有數百萬人完成施打，規劃若完整，可望一週內為大部分國民接種完成第一劑。台灣原本疫情人數就遠低於世界各國，屆時又快速完成疫苗施打，快速重新開放，如此台灣可在疫後經濟搶占先機，人民儘快恢復正常生活，成為真正有始有終的全球防疫冠軍，執政黨也必將得到全民肯定。

二〇二一年五月二十五日

台灣是國家，台灣人當自強

中國經年累月打壓台灣，意圖將台灣貶低為一個省，並動輒威脅世界國家政府要遵守其蠻橫無理的「一個中國」政策，但各國人民可不見得買單。近來電影《玩命關頭9》的影星約翰洗拿（John Cena）在行銷電影時稱呼台灣為國家，立即遭到中國霸凌，只好被迫道歉。事件發生後，社群網站推特（Twitter）上無數外國普通人民瘋傳「台灣是一個國家」（#TaiwanIsACountry），認為約翰洗拿說台灣是國家一點都沒錯，為何要道歉？

「台灣是一個國家」深得全球人心，顯示中國的打壓早已產生反效果，台灣在國際上透過經貿實力，逐漸讓各國民眾認識，越來越多人能區別出台灣與中國的不同，知道台灣是一個獨立自主的國家，對於中國硬要把國家說成不是國家，不但感到莫名其妙，更因此反感。

當全球民眾越來越體認到「台灣是一個國家」，台灣內部仍有少數人心向中國，或是雖然沒有認同中國，卻認為可以透過卑躬屈膝，換得中國的「善意」。近來的事件，應該可以打醒這些人，當台灣需要疫苗，日本慷慨提供，表示台灣在東日本大地震時率先馳援，所以日本也將湧泉以報；這時，中國竟然罔顧台灣人民的生命安全需求，強力反對，稱台灣是「藉疫苗謀獨」。

中國的態度很明顯，台灣人死不足惜，只能當中國的禁臠，如此還有什麼「善意」的空間可言。至於還認同中國者，也該認清：在中國心中，他們也不過只是統戰台灣的棋子，命賤如螻蟻，在中國的偉業面前毫不重要。到底要當一個頂天立地的台灣人，還是當中國踐踏於腳底下的中國蟲，相信有智慧的台灣人心如明鏡。

另一方面，當無數外國人熱烈轉推「台灣是一個國家」，因為他們認為台灣本來就是一個國家；同時，我們台灣卻扭扭捏捏，還老是在說自己是「中華民國」（Republic of China），豈不是自己製造國際混淆，大開倒車？藉著這波國際熱潮，請府院勇敢站出來，大聲跟隨全球網友，積極拋棄無用的中華民國空殼，高聲說：對！台灣就是一個國家，跟中國沒有關係。

二〇二一年六月一日

真愛台灣，患難見真情

聖經《列王紀》中記載著所羅門王智慧的故事，兩名婦人爭奪小孩，都聲稱小孩是自己的，所羅門王於是故意說，不如把小孩劈成兩半，一人拿一半吧！真正的母親一聽到，立刻就放棄爭搶，趕忙說千萬不可刀劈小孩，所羅門王藉此知道她一定是真正的母親。誰真正愛小孩，在小孩真有危難時就知道。

誰才是台灣真正的親人朋友，誰真的愛台灣，也是在患難時刻一清二楚。台灣防疫一年多，因桃園華航諾富特的疏忽，一時疫情擴散、「加零」遠離。雖然台灣疫情比起全球大多數國家仍小巫見大巫，但多數民眾如驚弓之鳥；另一方面，第一線醫療、警政人員等接觸風險高的防疫英雄們，則立即需要疫苗的保護。

在此患難關頭，日本從政府到人民，一致共識要幫助台灣，因為日本困難時台灣幫助日本，現在日本知恩圖報，因此立即決定支援台灣疫苗。當日本付諸行動，中國卻嚴詞抨擊、高聲恫嚇，試圖阻礙贈送台灣疫苗。誰真愛台灣，誰每天謊稱「血濃於水」，卻不把台灣人當人看，相信台灣人民也都有所羅門王的智慧，誰是親密家人，顯而易見。

日本特別選擇在六四，送來及時雨——一百二十四萬劑阿斯特捷利康疫苗。日期的選擇，說明力挺台灣、抗中保台的決心。另一方面，太平洋對岸的美國，也馬上跟進，派遣軍機連同跨黨派三位美國參議員旋風訪台，宣布捐贈七十五萬劑疫苗給台灣，並特別選在對美國意義重大的諾曼第登陸日六月六日，意義同樣一目了然。

台灣人民先前擔憂美國政黨輪替，會不會影響美國抗中保台的決心，美國以行動證明，成熟的民主國家，國家戰略主軸並非總統個人一意孤行，而是符合國家利益、有一貫性，並不會隨著政黨輪替而有太大改變，抗中保台，仍是美國當前最重要戰略。

達克沃絲參議員向台灣人民明確表達：「我來這裡要告訴大家，美國不會讓你孤軍奮戰。我們會在你的身邊，確保台灣人民能夠得其所需克服疫情。」

所謂板蕩識忠臣、患難見真情，當台灣陷入麻煩，正是分辨敵、友的最好時機。美國、日本傾力相助，中國則處處阻礙，不言自明。台灣應該緊緊站在可信賴、患難相助、真正情同手足的盟友身邊，而不是每天空言兄弟之邦，卻總想斷台灣手腳，只想覬覦台灣的匪徒。台灣的最佳國策，就是與可靠的堅定盟友緊密地站在一起，相信台灣人都有所羅門王的智慧，都知道美、日才是真正最愛台灣。

二〇二一年六月八日

美日力挺，台灣要為自己正名

日本政府於六月四日提供台灣一百二十四萬劑阿斯特捷利康疫苗，由台灣傳統基金會、台灣櫻花返鄉會發起，《自由時報》協辦，一三〇個台灣企業及團體與許多台灣人捐款各團體共同支持，在日本《產經新聞》刊登全版感謝廣告，很快獲得台灣與日本雙方的熱烈迴響，標誌著台灣與日本的深厚情誼，福和會也參與其中，與有榮焉。

許多人認為，這是因為過去台灣在三一一地震中大力支援日本，因此日本感恩圖報；的確，日本是一個有恩必報的民族，而台灣幫助日本，也不僅三一一，此次疫情初期，日本關西缺乏醫療防護物資，福和會也參與捐贈。

不過，日本支持台灣，不僅是基於兩國深厚情誼，更是全面性國家戰略；支持台灣也並不只有疫苗，十一日，日本參議院全場不分黨派所有議員一致起立，支持台灣加入世界衛生組織，參議院官方網站更特別釋出全部參議員為台灣起立的畫面。在此之前，日本朝野政黨領袖九日舉行「黨首討論」時，日本首相、執政黨自民黨主席菅義偉，與最大在野黨立憲民主黨黨主席枝野幸男，都以國家稱呼台灣。

台灣的另一個重要盟友—美國，力挺台灣的態度也越來越明確。十一日，美國國務卿布林肯與中共中央外事辦公室主任楊潔篪通話，布林肯直接要求中國停止對台灣施壓，逼得楊潔篪又拿出「一個中國」擋箭牌，誑稱「台灣問題事關中國主權和領土完整，涉及中方核心利益」。

中國的冥頑不靈固然讓人氣結，但楊潔篪的強詞奪理，也給台灣人一個明確的暗示：在美日明確表態力挺台灣的情況下，台灣自己的態度相當關鍵。

中國一貫以台灣是中國的一部分，稱「事關中國主權和領土完整」阻擋美日對台灣的關切，過去美日曾一度屈就中國，如今確立中國為最大假想敵，對中國已不假辭色，支持台灣的態度越來越明顯。但若此時台灣不趁機配合，反而繼續自稱「中華民國」（Republic of China），外國人一聽，國名真的是中國啊，自己坐實中國把台灣納入中國的妄稱。

國際局勢極度有利，台灣應趁此大好良機，擺脫過去使用的空殼，勇敢地以台灣之名向全世界發聲，在全世界行走，不要再落入「一個中國」的窠臼之中了。

二〇二一年六月十五日

民主與獨裁，台灣可別站錯邊

過去台灣人辯論國家戰略方向，許多人認為問題是：美國與中國之間，台灣該選哪邊站？其實，這個問題並不存在，因為美國一直積極保護台灣的實體存在，中國則是處心積慮要消滅台灣，任何有理性的人都不會選擇自我消滅，台灣別無選擇，只能站在美國的一方。

如今隨著全球局勢改變，這個答案更為明朗，過去較為親中的歐盟，如今也被中國野蠻無知的所謂「戰狼外交」惹怒，在歐盟對中國因其侵害新疆少數民族人權施以制裁後，中國竟大舉反制裁，讓歐盟終於明白中國完全沒有現代人權與外交基本觀念，不可理喻，並不是個可以交往的文明國家。歐盟如今認為中國是歐盟的「系統性對手」。

北約之中，過去美歐對中國立場有所分歧，如今在歐洲也轉向反中後，北約一致共識中國是「製造衝突」的「系統性挑戰」，使得中國只能憤恨地大喊北約持「中國威脅論」。事實上，中國成天動輒向世界各國張牙舞爪恫嚇，被當成威脅，只是自作自受。

加拿大與澳洲，這兩個原物料大國，過去曾因中國瘋狂進口煤鐵而蒙受利益，一度對中立場曖昧，但如今情勢也大不同，加拿大與中國因孟晚舟事件交惡之後，兩國又因人權問題，關係繼續惡化，加拿大更進一步要在聯合國中主導調查維吾爾人的人權問題；澳洲與中國大打貿易戰，如今正式向WTO提訴，要求調查中國對澳洲紅酒的不當打壓。兩國與中國之間已是劍拔弩張。

巴基斯坦過去是中國少數盟友，如今轉而與世仇印度尋求和解；菲律賓的杜特蒂想在美中之間遊走，當中國不斷入侵中業島海域，也別無選擇，只能成為美國盟友。

當台灣需要疫苗，美國立即大方送來兩百五十萬劑莫德納疫苗，這固然是從蔡英文總統至駐美代表蕭美琴所有政府人員的功勞，但也是背後的國際戰略因素使然，美國送來及時雨，全力力挺台灣。

在這樣的基本全球戰略形勢下，台灣站對歐美一方，就是全球戰略中心，也代表著民主人權文明價值，是人人力挺支持的關鍵第一線，是歐美關愛的掌上明珠；站錯到中國一方，則會成為中國勢力的向外突出部，成為人人喊打的過街老鼠。

所以台灣應當如何，已經非常明確，那就是站定歐美一方，堅決抵抗中國的擴張與威脅。在國際上，台灣也該拋棄中華民國（Republic of China）的稱呼，以避免混淆，否則敵人是中國，自己卻自稱China，外國人怎能搞得清楚呢？

二〇二一年六月二十二日

立陶宛能，台灣不能嗎？

立陶宛慨然捐贈兩萬劑阿斯特捷利康疫苗，讓台灣人刮目相看，過去我們總是把立陶宛稱作「波羅的海三小國」，如今立陶宛關注地球另一端的台灣，自身人口僅不到兩百七十萬人，卻向兩千三百萬人的台灣捐出疫苗，同時不畏中國叫囂恐嚇，顯現出一派泱泱大國氣度。

在歷史上，立陶宛民族英雄維陶塔斯大帝的年代，立陶宛國土曾包含現今的白俄羅斯、烏克蘭，一路從波羅的海綿延至黑海濱。十四世紀下半葉，立陶宛與波蘭組成波蘭立陶宛聯邦，全盛期的領土同樣橫跨白俄羅斯、烏克蘭大片東歐平原，只是日後衰弱，十八世紀末遭到俄羅斯帝國、普魯士、奧地利帝國三次瓜分而滅亡。

過去台灣人常感嘆，一再遭到殖民統治的歷史是台灣人的悲哀，立陶宛人的悲哀可謂有過之而無不及，遭瓜分滅亡後，先是受俄羅斯統治，直到第一次世界大戰，德軍擊潰俄軍，一度遭德國佔領控制；一戰結束，趁著德國戰敗發起獨立，擊退蘇聯紅軍，卻先遭《蘇德互不侵犯條約》出賣給蘇聯，緊接著捲入二次世界大戰戰火，飽受德軍與紅軍的兩面蹂躪，戰後還慘遭關入鐵幕。

一九八九年，蘇聯在阿富汗戰爭嚴重消耗國力，內部經濟社會問題瀕臨崩潰，對鐵幕國家的控制力節節下降；二月自阿富汗撤軍，六月波蘭國會部分改選團結工聯大勝，八月匈牙利與奧地利打開鐵幕，冷戰形勢即將發生重大變化。

立陶宛等波海三國立即勇敢起來進一步撼動鐵幕，八月二十三日，波羅的海三國發起兩百萬人手牽手，拉起超過六百七十五公里人鏈，連起三個國家，在國際上發聲大為成功，並獲得美國力挺支持；後續東歐各國陸續脫離鐵幕、柏林圍牆倒塌，甚至蘇聯本身也瓦解了，立陶宛得到夢寐以求的獨立自主。日後，也成為台灣「二二八百萬人手牽手護台灣」活動的學習榜樣。

立陶宛不僅捐贈疫苗給台灣，五月時退出中東歐國家與中國的「17＋1」合作機制，更宣布將在台灣開設經貿辦事處，對中國的威脅置若罔聞。畢竟，立陶宛過去面對蘇聯兵力毗鄰的直接威脅都無所畏懼，又怎會理會遠在天邊的中國，中國只是自取其辱而已。

立陶宛的義舉，不僅值得感謝，也值得學習，過去面對外強中乾、眾叛親離的強鄰，即時察覺國際形勢的變化，勇於起而挑戰；如今面對違逆人類民主文明潮流的中國，一樣率先退出「17＋1」，不假辭色。以智慧與勇氣，成為有尊嚴的獨立國家，台灣不僅要學習百萬人手牽手的活動，也要學習立陶宛勇於追求自由獨立的堅毅精神。

二〇二一年六月二十九日

陸委會片面「一中」易肇誤解

二戰後蔣介石把台灣當成「復興基地」，明明是占據台灣，卻向國際自稱是中國光復台灣，並在聯合國繼續占有中國席位。第二次台海危機時，美國內部對此產生諸多討論，認為兩個勢力互爭中國代表權，是衝突不斷的根源，一度試圖逼迫蔣介石自金馬撤軍，成為「一中一台」。

一心想要「反攻大陸」的蔣介石，此時竟與毛澤東默契聯手，一同堅持「一個中國」，到尼克森時代，美國為了冷戰大戰略「聯中制蘇」與中國結交，接納「一個中國」，從此台灣陷入「一個中國」的緊箍咒中。

隨著國際戰略形勢轉變，如今美日為首世界主要國家全面圍堵中國，台灣成為對抗中國的前線，盟國也自然積極拋棄所謂的「一個中國」。

日本防衛副大臣中山泰秀日前與美國智庫哈德遜研究所會議時，明確質疑過去美日遵守「一個中國」政策是錯誤，現在應該要覺醒，對抗中國對台灣的威脅，保護台灣這個民主國家。

日本不僅口惠，更付諸實際行動，與美國共同贈送台灣疫苗，更共同出擊為台灣打疫苗戰，致贈三百萬劑疫苗給太平洋島國鼓勵他們繼續挺台抗中；美國也贈送薩爾瓦多一百五十萬劑莫德納疫苗，以對抗中國將贈一百五十萬劑科興疫苗。

美國同樣著手拋棄「一個中國」，過去台灣駐美代表處只能稱為「駐美國台北經濟文化代表處」，如今美國推動《鷹法案》〔*Ensuring American Global Leadership and Engagement* (EAGLE) Act.〕，一併推動多項友台法案，其中就包括代表處正名為「台灣駐美代表處」。

美國更在產業戰略上力挺台灣，不僅重啟TIFA談判，過去美國代表科技公司龍頭英特爾，總是堅持自有產能，如今台積電三奈米製程，英特爾卻與蘋果一同要當首批客戶，美國政府的斧鑿痕跡相當明顯。

唯值此「一個中國」緊箍咒即將廢棄的關頭，陸委會卻在回應中國時，稱「台灣人民早已拒絕中共片面的一個中國原則」，這樣的回應用詞，恐怕會引起不當解讀，好像是台灣還在蔣介石年代，有自己的「一個中國」原則。

在此，籲請陸委會用詞更加精確，不要造成「片面的一個中國」的不當解讀，對台灣來說，中國跟台灣無關，台灣是台灣，中國是中國，中國要有幾個，那都是中國人的事，與台灣從無任何瓜葛。

二〇二一年七月六日

國際觀不足，盤點邱義仁的昨是今非

邱義仁近日與陳前總統線上直播，否定過去堅決支持台獨黨綱的自己，稱美國不支持台獨，引起軒然大波。邱義仁固然在民主運動期間多有貢獻，但以執政後的表現觀之，其智謀只及於國內選舉，對國際戰略認識缺乏。

美國小布希總統就任之初，原本著手大包圍中國，對台灣極度支持，然而，二〇〇一年發生九一一恐攻事件，使得美國戰略優先順序改變，採取「聯中制恐」，台灣的地位變得尷尬。

小布希原想要力挺台灣，卻因戰略需求不得不從支持轉為中立，對台灣心中有愧。若了解國際局勢，在當時願意委屈配合，美國必會私下補償，但當年邱義仁並未給予陳水扁總統正確建議，無視美國戰略需求，不斷挑戰底線，最終激怒小布希，怒罵陳總統為「麻煩製造者」。

二〇〇六年陳水扁總統出訪，由於美國僅允許加油，竟取消過境美國，釀成「迷航之旅」，安排訪問利比亞領導人格達費，導致台美關係陷入冰點，如此重大失著，邱義仁難辭其咎。

對國際形勢全無掌握，慘遭修理，不檢討學識不足，竟認知為「美國不支持台灣獨立」。如今，國際形勢再度全然改變，二十年前阿富汗戰爭開打，二十年後美軍撤出阿富汗，時代完全不同，邱義仁卻還活在過去。

適逢美國印太事務協調官坎貝爾，參與以親中聞名澳洲前總理陸克文所主持的亞洲協會內部視訊，漫長對談中僅一句遭問及台灣問題，坎貝爾回答積極防衛台灣但並未支持台灣獨立，藍營以此呼應邱義仁發言，聲稱台獨不可行。

事實上，坎貝爾並非正式發言，本不該過度解讀，且謹慎地稱「不支持」外交辭令，也並「不反對」。更根本的是，任何國家戰略改變，醞釀過程中，口頭都不會有所更動，當初美國與中國建交前夕，還三令五申保證支持中華民國。美國的意圖，必須以其戰略需求判斷，而不是口惠與否。

邱義仁過去堅定保衛台獨黨綱才是正確，前次執掌國安，慘遭美國修理，如今國際形勢又改變，還活在十五年前的受創經歷中，以至於發表錯誤言論，實在是台灣人的悲哀，在此呼籲，身為執政黨智庫執行長，若跟不上時代，又不知長進，就該是讓賢的時候，可別又誤導總統，成為歷史罪人。

二〇二一年七月十三日

自助而後天助，台灣必先靠自己

新境界文教基金會執行長邱義仁的「美國不支持台獨」論，引發外界諸多對台灣前途的質疑，上週已對邱義仁誤判國際情勢的部分予以指正。其實，還有一個更根本的思考：美國當初獨立建國，可沒有先確定別人會支持。

恰恰相反的，在美國獨立戰爭之初，儘管派出日後被稱為大外交家的富蘭克林周遊列國，找上戰略與英國敵對的法國，鼓起三寸不爛之舌拚命遊說，仍是吃閉門羹。

但美國人民並沒有等待法國何時會支持，而是下定決心：即使沒有外國支持，也要與英國抗戰到底。經歷紐約大敗、首都費城淪陷，還是打出薩拉托加之役的勝仗。而法國看見美國人的奮戰決心，另眼相看，至此開始支持美國獨立戰爭。也因為美國是有這樣開國歷史的國家，自助而後人助天助的價值觀，銘刻在美國的基因。

如今世人認為以色列備受美國寵愛，但是並非一開始就是如此，以色列建國時，美國其實反對，更予以武器禁運，使得第一次中東戰爭時，以色列得從東歐刻苦地走私武器作戰。第二次中東戰爭，以色列煽動英法一起攻擊蘇伊士運河，美國也並不支持，而是震怒。然而，兩次中東戰爭中，美國對以色列的意志與戰力刮目相看，從此開始力挺以色列。

也別說美國，不妨捫心自問，若有人老是坐等別人支持，要先確定別人支持，自己才願意行動，如此被動，會有人支持嗎？

戰後台灣曾經一度得到美國支持獨立的機會，在第二次台海危機中，美國曾希望推動金馬非軍事化，台灣中國一邊一國彼此井水不犯河水，因而討論「兩個中國」或「一中一台」模式，對蔣介石施壓。然而，大中國主義的蔣介石夢想「反攻大陸」，極度抗拒，美國眼看蔣沒有獨立意志，也就放棄，日後美國戰略改變，「聯中制蘇」下，台灣失去機會。

當國際戰略不利，固然只能先等待，但當國際戰略有利的時候，美國支持台灣的獨立與否，最終還是看台灣人的意志。

台灣的前途，應是由自己決定，只要心中有台灣，有何懼怕，自己先下定決心，自助而後人助天助，台灣不是枯等觀望別人是否支持，而是應該表達強烈意志，主動積極爭取，如此自能贏得國際支持。

二〇二一年七月二十日

日本認證，台灣東奧正名正確

東京奧運我國代表隊出場順序，排於日文五十音順序「タ」（TA）行，與塔吉克、大韓民國並列，也就是視我國國名為「台灣」，過去我國在其他國家舉辦奧運時，雖也被排於「T」，但是是以「中華台北」的簡稱「TPE」排序，並非台灣。另一方面，日本國家電視台NHK則直接稱呼我國代表隊為「台灣」，也使台灣民心大振。

美中不足的是，當我們為了日本直稱台灣而高興，但是入場牌上還是寫著「Chinese Taipei」，更汗顏的是，這份尷尬來自當初自己放棄。無數先進當初積極參與推動東奧正名運動，提出國際情勢有利，主辦國日本在國內積極推動台灣正名，可是，民進黨政府卻不支持。如今日本以行動證明，當初台灣民間推動東奧正名的努力正確，政府誤判形勢，錯失時機。

逝者已矣，來者可追。近日（二〇二一年七月二十三日），立法院長游錫堃發表〈正常國家出頭天〉文章，提出台美建交、台灣正名、制憲、入聯；隨後接受前總統陳水扁專訪，提出若台海發生戰爭，美國可能承認台灣。

游錫堃院長是極少數自始至終堅持國家正常化、立場從未改變、令人尊敬的政治家，擔任「中華民國」的立法院長，有些話不便明說，可以理解。其實並非台海戰爭，美國才會承認台灣。

回顧歷史，一般認為，日本偷襲珍珠港，美國才向日本宣戰，實際上，當時美國早就處心積慮對付日本，百般逼迫日本開戰，也預料日本會主動攻擊，卻因為各種情報與準備上的疏忽，導致珍珠港遭偷襲，實在是最差的選項。時空轉移，當前台灣國際處境，美日印澳原本就力挺台灣對抗中國，如果還弄到開戰才能獲得承認，那也是下下之策。

同樣近日消息（七月二十二日），以色列經二十年努力，取得非洲聯盟觀察員資格，以色列進入伊斯蘭國家眾多的非洲聯盟，難度有如台灣入聯，為何以色列永遠能做到看似不可能的事？

事在人為，本來就是不做才是不可能，堅定意志、富國強兵、累積總體國力、強化外交與情報操作能力，最後終能達成目標。

誠如游錫堃院長所言，第一步，就是正名，當美國與全球自由民主國家向國民宣傳中國是最大敵人，台灣卻還自稱「Republic of China」？下定決心，拋棄自陷一中陷阱的中華民國空殼，台灣才能往前邁進。

二〇二一年七月二十七日

一中一台，已成美日核心價值

冷戰時代，美國「聯中制蘇」下討好中國，屈從中國無理取鬧的「一個中國」政策，使得台灣在國際上飽受委屈；如今，情勢已經全然不同。

美國早已對台灣多有暗示，「北美事務協調委員會」在二〇一九年更名「台灣美國事務委員會」，眾議院提出「台灣外交檢討法案」包含「台灣特使法案」，將台灣駐美代表處正名為「台灣代表處」等，動作相當明顯。

美國亞太核心盟友日本，更顯現出態度一百八十度轉變，台灣人在東京奧運上聽見NHK直稱台灣。在此之前，日本國防部年度國防白皮書中，就已經有重大改變，過去日本官僚恪守「一中」政策，極其頑固，國防白皮書中地圖上，台灣總是被畫上與中國同色；二〇二一年國防白皮書中，台灣則被歸為中國以外，代表日本政府官方態度的重大改變。

七月二十八日，美國眾議院更進一步於通過「二〇二二財政年度國務院、對外行動和相關計畫撥款法案」時，附帶通過修正案，禁止美國行政部門花錢製作、採購或展示任何將台灣畫成中國一部分的地圖。提案者眾議員帝芬尼（Tom Tiffany）表示，「一中」謊言是「虛假主張」，美國不該依循「不誠實的政策」，應立即停止，不再延續。

美日態度與過去有鮮明的不同，其根源是國際戰略形勢的轉變，中國不僅在台海屢屢生釁，其霸權主義更在整個印太地區四處挑起區域衝突，成為全球和平重大威脅，使美國國際戰略回歸大包圍中國。

在此國際情勢絕對有利的關頭，美日都已明確表態，稱不再接受「一中」謊言，台灣自己呢？奧運每當台灣選手奪牌，全國民眾都特別興奮，蔡英文總統也高呼台灣驕傲，卻因東奧未能正名，隊名仍是「Chinese Taipei」，使中國網軍吃台灣豆腐，稱台灣的獎牌也算是中國人的，台灣人民能接受嗎？

此次東京奧運，因俄羅斯遭禁賽，只能以俄國奧會名義參賽，簡寫為ROC，乍看之下，怎麼另有「中華民國」參賽了？英國《衛報》更一度發生將俄國隊誤植「中華台北」隊旗的笑話，這個巧合，也正提醒我們，不該再繼續自欺欺人的「一中」謊言，美國日本都已經拋棄，但台灣自己呢？這正是我們改變觀念、從謊言中覺醒的時候。

二〇二一年八月三日

民進黨，勿忘台灣人民託付任務

在人類歷史上，任何地區、人群，都希望自由、自主，不被他人控制，不只是專制國家下人民追求獨立，即使是現代民主國家，如英國的蘇格蘭、西班牙的加泰隆尼亞，也仍勉力追求獨立，獨立自主本是全人類不言自明的硬道理。

十九世紀民族主義的逆流，造成國家追求疆界內統一，對外競爭侵略與殖民，使得小國遭併吞、大帝國瓦解，國家對內民族屠殺、對外戰爭不息，最終更演變為兩次世界大戰的悲劇。第二次世界大戰後，人類痛定思痛反省，因此有大量國家，在戰後以民族自決的方式獨立建國。

台灣也有黃彰輝與彭明敏先後提出台灣人自決主張，然而，受限於冷戰戰略因素影響，國際情勢對台灣不利，使得台灣過了數十年沒有正常國家的日子，在國際上備受打壓，這是全台灣人民心中的痛。民主運動老前輩黃信介先生曾言「台獨只能做不能說」，台灣人只能忍辱負重。

如今國際形勢已經改變，來自川普時代起，美國日本力挺台灣態勢越來越明顯。四月時，民進黨立委鄭運鵬發現，日本駐台大使泉裕泰名片上所印頭銜為「大使」、不再是「代表」，還特別在臉書發文；既然民進黨立委都發現了美日政策已經改變，那麼，應該知道台灣推動自決的時候已經到來。

東奧正名運動時，民進黨全黨上下不僅不支持還諸多阻撓，或許可說民進黨當時是後知後覺；如今東京奧運日本NHK直呼台灣，日本駐台已是大使而不再是代表，連一向親中的CNN都在節目中幫台灣正名，稱美國過去的「一中」政策是與魔鬼交易。民進黨若還繼續迴護「中華台北」這種不倫不類的名稱，不願意積極主張正名、自決，那就是裝睡叫不醒了。

民進黨人對這項任務卻仍然再三推託，黨籍立委竟還稱要人民來呼籲推動，彷彿現在是國民黨執政，人民得要自黨外運動從頭再來一次。

台灣人數十年的民主運動打拚，讓民進黨能夠執政，就是為了台灣的獨立自主，人民託付給民進黨的任務就是要正名、國家正常化，已經讓民進黨完全執政，竟還要求人民呼籲，那麼執政的正當性何在？

可別只是選舉時高喊台灣價值，或拿來炒作臉書流量。只有聲量跟流量沒有任何意義，要化為實際的行動，才是完成人民的託付。

二〇二一年八月十日

蔡總統，莫忘自己所言

台灣近來國際地位和情勢愈趨明朗。像是立陶宛同意在首都設立「台灣代表處」，同時在中國一貫蠻橫謾罵之餘，各方才驚覺，不僅美國全力支持立陶宛，連歐盟也堅定力挺，而立陶宛並非有勇無謀單獨發難，背後其實是代表美國為首的北約，以及歐盟的共同意志。

正當立陶宛的義舉大快人心，南美洲卻傳來讓人困惑的消息，高端疫苗前往我國友邦巴拉圭進行第三期臨床測試，巴拉圭與高端簽署的合作備忘錄卻是用「China-Taiwán」稱呼，瞬間成了「中國台灣」，又讓台灣人無法理解。

其實，這已是老問題，二〇一八年八月，蔡英文總統訪問巴拉圭，出席新任總統阿布鐸就職典禮，阿布鐸在社群網站表達感謝時，稱呼蔡英文總統是「China-Taiwán」總統，傳回台灣引起軒然大波，阿布鐸再修正為「República de China-Taiwán」，亦即「中華民國台灣」。

長期以來，台灣在外交上自稱中華民國，從未認真自我正名，只在後勉強加註台灣就算數，落得友邦望文生義，當時，蔡英文總統曾特別強調：「如果我們自己不把這個挑起來當作一個問題的話，我想我們的友邦也不會覺得他們長久以來的用法，有什麼不適當的地方。」

總統所言一點也沒錯，錯誤的根源就是台灣頂著中華民國的空殼在國際上活動，自取其辱。過去在國際形勢不利的情況下委曲求全，實有不得已之處；但如今國際形勢已如此明顯，沒有邦交的立陶宛都已同意外交部所請，台灣地位已讓國際刮目相看。

蔡英文總統二〇一八年就已明示，過了三年，卻沒有任何作為，讓問題跟三年前一模一樣，是否知而不行？總統已進入第二任期，是追求歷史定位的時刻，適逢抗中保台成為國際共識，歷史榮耀將屬於蔡英文總統。先前我們曾勉勵蔡英文總統，輕輕踏出這不費力的一小步，卻是改變台灣歷史的一大步。

完全執政，獲得國際完全支持，可不能原地蹉跎、一事無成，既然明白台灣需自己提出正名，請在國際支持下，勇敢踏出為台灣正名的國際腳步，若任期內來不及改革外交，那也應嚴選有意志帶領台灣走出去的繼任人選，將任務交付下去，才不負台灣人的託付。

理解國民黨的痛，但台灣要讓自己更強大

阿富汗變天，全球震撼，國民黨人懷著一九四九年從中國倉皇逃離的記憶，看到塔利班一夕奪取政權，阿富汗政府軍兵敗如山倒，馬上聯想當初國民黨部隊在中國如骨牌般快速崩塌，許多望風迎降，跟腐敗無能的阿富汗政府一個樣，因而恐慌發作，自認就像南越、阿富汗，是扶不起的阿斗，只會被拋棄。

可以理解國民黨人的心靈創傷，但驚弓之鳥的恐慌想法對台灣沒有任何幫助，在這樣的信心考驗關頭，總統蔡英文於執政黨中常會上表示：「台灣唯一的選項，就是讓自己更強大、更團結、更堅定保衛自己。」強調：「自己不作為，只依賴別人的保護，不是我們的選項。仰賴沒有價值做基礎，而且對台灣不放棄使用武力者的一時善意或施捨，更不是我們的選項。」

總統的堅定意志，可說為台灣民心下了一顆定心丸，更向國際盟友表達台灣自衛決心。總統所言一點都沒錯，台灣唯一的選項就是團結自立自強，人類有史以來，所有人、組織、勢力都是必先自助，之後才會得到人助、天助，若是自己都放棄自己，誰還會願意伸出援手？

如今世人認為美國最為力挺以色列，其實以色列建國之初，美國並不支持，還施以武器禁運，使得第一次中東戰爭中，以色列軍事武器捉襟見肘；然而，經過幾次浴血奮戰，以色列人證明自己捍衛國家的決心與戰力，美國轉而支持，並將以色列當作中東戰略的重要支點，猶太人更於美國奮發向上，在金融、媒體、學術、政治界取得重要成就，使得美國對以色列更是友善，這都是透過奮鬥爭取來的。

蔡英文總統可說一語驚醒夢中人，台灣藍營人士還在爭執美國可不可信，美國是否拋棄，其實問題的答案，是問我們自己：台灣人是否願意在總統的領導下，團結堅定保衛自己，讓自己更強大？若是不願意，連自己都拋棄自己，別人當然只會把台灣當作棄子；若是願意且全力實行，美國必定全力支持有戰力及共同核心價值的戰略盟友，甚至以台灣做為印太戰略核心。

總統所言擲地有聲，台灣人別再老是問別人支不支持，應先問自己是否自立自強，台灣是台灣人的台灣，不分政黨族群、不論平時政治爭執，都應團結一心，一起保衛自己的台灣。

二〇二一年八月二十四日

賀錦麗星越行，串聯抗衡中國

美國的全球戰略越顯清晰，外界原先即猜測自阿富汗撤軍用意，有助聚焦、專注於印太對抗中國，而在美國正進行阿國撤離工作的同時，副總統賀錦麗更風塵僕僕訪問新加坡、越南，等於明確宣示美國的戰略方向，撤軍用意已不言自明。

賀錦麗在新加坡的行程，會見新加坡史上首位馬來族籍、穆斯林的女總統，以及總理李顯龍，前者強調美國與新加坡的人權共同價值，後者代表兩國實質上的緊密合作；之後參觀新加坡樟宜海軍基地，並登上美國獨立級、近岸戰鬥艦塔爾薩號。

樟宜海軍基地是美軍時常停泊的重要據點，近岸戰鬥艦的設計概念是較廉價、小型、快速、吃水淺、可靈活因應不同戰鬥任務，正是為了針對中國的許多騷擾性作戰，以及諸多可能的不對稱作戰而生。賀錦麗參訪的象徵意義不言可喻。

新加坡在言詞上總是對中國禮讓三分，使得部分國際觀察家認為新加坡在美中之間遊走，但以和為貴、不撕破臉只是亞洲人習性，實際上，新加坡與中國的明爭暗鬥已經相當激烈，尤其中國一帶一路計畫意圖打通泰南克拉地峽，威脅新加坡的命脈，使星國不得不實質走向全面靠美，反制中國。

賀錦麗隨後訪問越南，由於越南與中國矛盾更深，在南海有直接衝突，雙方也就直接在字面上直稱美國要協助越南對抗中國「霸凌」，捍衛越南的南海主權，並將派遣美國海巡船艦協助越南抵抗中國；在防疫方面，再增加提供一百萬劑輝瑞疫苗，總計捐贈越南達六百萬劑，使得中國連忙稱也要提供兩百萬劑疫苗。

正當賀錦麗巡迴星越，鞏固印太戰略盟友，在美國國內，芝加哥全球事務委員會調查發現：百分之六十九美國人支持美國承認台灣為獨立國家，百分之六十五支持台灣加入國際組織，百分之五十七支持簽署美台自由貿易協定。

美國不僅共和、民主兩黨政策延續，抗中保台也已經是美國人民的共識。台灣可對國際大局有堅定信心，自立自強並聯合印太地區眾多盟友國家，扮演重要戰略角色。

二〇二一年八月三十一日

為吳釗燮的台灣專文按個讚

在聯合國大會（二〇二一年）九月十四日開議前夕，外交部長吳釗燮於愛爾蘭網路新聞媒體*Gript*投書，發表〈重新想像台灣入聯後更具韌性的聯合國體系〉一文，表達台灣的防疫成就以及支持全球供應鏈，在聯合國應能扮演建設性角色，更對中國打壓使得台灣在聯合國寸步難行而發出不平之鳴。

令人欣喜的是，吳釗燮部長此文，不再使用「Republic of China」這種過去外交部慣用，卻會造成嚴重誤導的詞彙。而此次通篇直稱「Taiwan」，在英文媒體上，明確向世界表明「台灣是台灣，中國是中國」將是台灣終於能走出國際坦途的重要一步。

吳釗燮部長這次乘勝追擊，也是呼應歐洲各國明確站定挺台抗中的大趨勢。先是立陶宛無懼於中國壓力，設立台灣辦事處，使得中國跳腳氣憤叫囂，但是立陶宛的行動並不是單獨行為，而是代表著美國、歐盟的總體戰略態度。

九月一日，全體歐盟跟進，歐洲議會以六十票贊成、四票反對、六票棄權，壓倒性通過「歐盟－台灣政治關係與合作」報告，建議歐盟將「歐盟經貿辦事處」更名為「歐盟駐台灣辦事處」，更關切中國軍事威脅台灣，呼籲歐盟與國際合作，維護台海和平穩定，將台灣納入歐盟「印太合作戰略」夥伴。中國再度暴跳如雷，也只能徒呼負負。

協調此報告的瑞典籍歐洲議員魏莫斯（Charlie Weimers），更主張歐盟應該邀請台灣總統赴歐洲訪問，以及推動歐台雙邊貿易協定談判。

國際全面抗中已經是明顯的全球趨勢，澳洲財政部長弗萊登伯格（Josh Frydenberg）於澳洲國立大學克拉佛（Crawford）領袖論壇上，宣布中國對澳洲的經濟打擊，效果遠比預期中少，未來澳洲將採取「中國以外」策略，拓展中國之外的新市場，降低對中國的依賴。

此外，英國派遣伊莉莎白女王號航空母艦前往日本，停靠原本主要為美國雷根號航空母艦的橫須賀軍港，更是象徵意義十足，表示英國不遠千里，加入美國在印太對中國的大圍堵。

值此國際情勢有利，在蔡英文總統的指導之下，外交部向歐洲踏出突破的一步，值得鼓勵，也期望外交部能繼續保持這樣的銳氣，在國際上為台灣打開更多空間，尤其是強化對美國的關係，繼續取得美國對台灣的實質承認升級，為台灣的生存茁壯開拓康莊坦途。

二〇二一年九月七日

先禮後兵的拜習通話

時隔七個月，拜登與習近平第二次通話會談，美中元首偶爾通話，不值得大驚小怪，川普也曾數次與習近平通話，而談話內容，根據美國白宮以及中國官媒的發表，也無關台灣。但國內少數親中派卻視為救命稻草，甚至部分民進黨人如郭正亮，也跟著錯判，以為「大船突然開始轉彎」。

這樣的錯誤解讀，來自於台灣政界長期的幼稚病發作，正常的國際戰略分析，都是以國家戰略需求來評估衝突與戰略方向，而不是把隻字片語或是跟誰通話與否，當成微言大義，以為可從中找出戰略方向改變的端倪。

歷史上的例子都是恰恰相反：二戰日本已經出兵航向珍珠港，還假惺惺地與美國和談，宣戰文件故意押到最後一刻才要發出，導致來不及送達，變成偷襲珍珠港；美國當年要與中國建交前，還三令五申表達支持蔣政權。真正要有重大戰略變動，必定在言語上欺敵，怎可能洩露軍機？

為以正視聽，在此仍然簡單分析拜習通話內容：白宮所發表的內容相當簡短，顯示對美國而言此次通話不值一提，美方強調通話是為了印太地區的和平、穩定、繁榮，並表達美中對抗不用擦槍走火成為衝突。對抗仍繼續，只是先說不用打起來，可說只是先禮後兵。

新華社則大幅敘述習近平談話內容，顯得急迫，懇求中美合作，稱中美關係一定要搞好，習近平引用陸游〈遊山西村〉：「山重水複疑無路，柳暗花明又一村」表達中國已經被逼到無路可走，期待柳暗花明。習近平強調的議題，主要迎合民主黨的喜好與拜登的需求，談氣候變遷、防疫、經濟復甦，最後才提國際和地區問題。通篇並未談到台灣。

新華社稱拜登說「美方從無意改變一個中國政策」，然而白宮並無此發表。即使真有其言，拜登執政以來明顯繼承川普，當前所謂美國的「一個中國」，就是世界上只有一個中國就是中華人民共和國，沒有中華民國，而台灣是台灣，不屬於中國，美國認定聯合國對中華民國退會的認定，只關於中國，與台灣無涉。

親中派人士如習近平一樣，被國際局勢逼得走投無路，以至於拜登打通電話，也當成救命稻草，幻想柳暗花明，只是一場空，從歷史與國際常識判斷，先禮後兵，後續美國對中國施壓，只會更為猛烈。

二〇二一年九月十四日

自由民主人權，是台灣最大的價值所在

中國最近又在水果出口問題上，尋釁刁難台灣。國民黨竟無一向中國表達抗議，或在國際貿易上據理力爭，唯一應對招式，仍一貫天真祈求對中國百依百順就能得饒性命，殊不知中國早已拋棄胡錦濤時代的「讓利」「買台灣」想法，國民黨還活在二十年前，不知自己已無任何買辦空間，只凸顯出國民黨滅亡的敗象。

國際上，台灣的戰略形勢卻是明顯改善，美國步步提升台灣地位，研擬「台北經濟文化代表處」更名「台灣代表處」；九月一日歐洲議會外交委員會壓倒性通過「歐盟——台灣政治關係與合作」報告，建議歐盟評估台歐雙邊投資協定，以及將辦事處正名為歐盟駐台灣辦事處；十四日，瑞士國會下議院壓倒性通過具強制性的提案《改善與台灣關係》議案。

日本防衛大臣岸信夫（二〇二一年九月）十六日於接受CNN專訪時表示「台灣的事就是日本的事」，明確定調日本與台灣的緊密結盟；英國第一海務大臣托尼・拉達金也表示，台灣海峽是「是開放的印度洋太平洋的一部份」必須保衛，英國並訴諸實際行動，與澳洲、美國簽訂AUKUS戰略同盟協議。

AUKUS雖然引起美英澳與法國之間的唇槍舌劍，然而，歐洲對此的全盤反應是：在印太地區的經營，不能讓美英專美於前，畢竟「台灣是歐盟在印太地區的重要合作夥伴和民主盟友」，歐盟也要主動出擊，力挺台灣。世界趨勢如此明顯，其根本原因，在於自由民主人權，對美、英、歐、澳、日來說，是不可或缺的基本價值，過去部分國家或許因一時短視近利，但最終發現中國反民主、反自由、反人權，是不可交往的對象，為了維護人類的自由民主人權，唯有全球民主陣營攜手合作。

台灣長期在專制極權中國的威脅下，卻經歷足以成為標竿的民主轉型，如今人民享有民主自由、相對富裕的生活，更有高科技產業，對世界有極大貢獻，台灣是民主典範，也是抵抗中國擴張的第一道防線。這就是為何先進國家一一表態力挺台灣，希望台灣成為世界捍衛自由民主人權，對抗極權中國的表率。國民黨漠視人類普世價值與歷史趨勢，滿心只想抱中國大腿，違逆世界潮流，又怎會有未來呢？

二〇二一年九月二十一日

加入CPTPP，台灣勿再自誤

由日本主導「跨太平洋夥伴全面進步協定（CPTPP）」與中國推動的「區域全面經濟夥伴關係協定（RCEP）」相互抗衡之際，在拜登政府大力暗助日本推展CPTPP下，RCEP陷入看似多國加入，實際未有任何落實性推動的名存實亡狀態。

如此局勢，使得中國竟然申請加入CPTPP，試圖擾亂美日澳反中的大佈局，但是此舉已形同自打巴掌，承認RCEP徒具其名；另一方面，日澳如今堅定地站在反中一方，中國雖提出申請，想順利加入，可能性可說是零。

CPTPP對台灣聯合盟友抗中極為重要，然而政府官員對申請始終詭異的拖延，直到中國先一步申請才趕緊提出，面對日本在東京奧運強力為台灣正名的立場，申請時，卻又沿用過去不倫不類的「台灣、澎湖、金門、馬祖個別關稅領域」。

中國官媒《環球時報》總編胡錫進狂言：「台灣申請加入CPTPP的過程就是它挑戰一個中國原則的過程，那麼我敢肯定，台灣將加入不了這個組織。」我國官員只敢用台澎金馬名義，是被胡錫進嚇著了？還是想法跟胡錫進相同，自內部惡意蒙蔽、誤導蔡英文總統？

胡錫進妄稱：「現有十一個成員裡有中國朋友，他們中只要有一個反對台灣加入，台灣就邁不進CPTPP的門。」胡錫進以為智利大膽採用中國疫苗，馬來西亞面對美英澳AUKUS協定是唯一說要尋求中國意見的親中國家，而汶萊也容易受到中國壓力，但這三國國內尚未批准，目前均無投票權。

凡事從根本思考，CPTPP原本就是日本主導的反中聯盟，在反中聯盟中搞親中，是滑天下之大稽，美日澳勢必不可能讓此事發生。

台灣遲遲不提出申請CPTPP的原因始終在自己，面對日本對台極度友善，台灣卻因為在野黨瘋狂仇日，以及政府官員因循怠惰，竟成為全世界對日本進口食品最嚴苛的國家，汙名化日本五縣食品是「核食」。科學的事實是：日本食品經檢測，輻射量早已都在安全值，甚至比許多歐洲食品還低，美國也已經於二十二日起解除日本食品進口限制。

執政黨應該負起執政責任，向人民說明在野黨仇日的不理性與荒謬，同時也別再汙衊最親近盟友的農產品，排除這個加入CPTPP的障礙，而不是搞錯障礙，自我閹割為台澎金馬，回想不久前東京奧運日方態度，就好好的用台灣之名申請吧！

二〇二一年九月二十八日

抗中挺台的日本岸田內閣正式就位

日本自民黨內經過一番龍爭虎鬥，新黨魁岸田文雄誕生，也繼任新任首相。岸田家與台灣頗有淵源，岸田文雄的曾祖父岸田幾太郎、曾叔公岸田多一郎，於日本時代在基隆開設岸田吳服店、岸田喫茶部，老建築至今仍保存，現分別為洋城餐廳、自立書店。岸田內閣的成立，也象徵台灣與日本關係未來將更緊密發展。

力主挺台抗中的日本前首相安倍晉三，二〇二〇年八月底因身體因素卸任後，繼任的菅義偉深陷防疫困境，同時還要肩負舉辦東京奧運的艱辛任務，不斷損耗執政能量，二〇二一年八月底橫濱市選舉中，由於政治判斷失誤，釀成鷸蚌相爭，在野黨立憲民主黨候選人山中竹春漁翁得利當選，使菅義偉內閣支持度釀成新低，為顧全大局，九月請辭。

接棒的岸田文雄已確立黨政要職，「黨四役」分別為：

黨幹事長甘利明，自二〇〇六年起力挺安倍，之後支持安倍盟友麻生太郎，更是二〇一二年安倍參與自民黨初選的總幹事；總務會長福田達夫，選前是支持河野太郎的黨內年輕反對世代之一，但也屬於安倍所屬的細田派；政策調查會長高市早苗，是此次安倍選前支持對象，總統蔡英文曾於選前通話，也是第二輪選舉中由安倍運作轉而支持岸田，而能擊敗對手的重要關鍵。選舉對策委員長遠藤利明，屬於谷垣派，擔任安倍時代所創立的首任奧運大臣；同時，安倍的重要盟友、麻生派的領袖麻生太郎則將任副黨魁。

內閣官員方面，對國家戰略基礎最為重要的兩大要職，防衛大臣岸信夫、外務大臣茂木敏充，均留任。內閣官房長官則由松野博一接任，為安倍所屬的細田派。經濟產業大臣由萩生田光一接掌，萩生田為安倍親信，經常被視為安倍代言人。並計劃新設經濟安保大臣一職，專門抗衡中國。

岸田文雄的黨政布局，可說兼顧派系平衡，同時宣示穩健繼續進行安倍路線。自民黨告別菅義偉的困難時代，重新出發，抗中挺台的力道將更加充沛。

台灣在恭賀日本新任閣揆就職、喜迎台日關係可望更進一步的同時，也要同時思考：關係是雙邊的，筆者認為，日本挺台，台灣也應回報以善意，如今台灣成為全球對日本食品最嚴苛的國家，美國已經開放日本食品進口，台灣仍將日本食品汙名化為「核食」，這是對待朋友的態度嗎？

籲請政府應有魄力排除在野黨不理性的騷擾，立刻檢討日本食品進口政策，仿效美國完全開放，給岸田內閣一個就任禮，也為台灣加入ＣＰＴＰＰ奠定良好的基礎。

二〇二一年十月五日

自討無趣又惹人生厭的軍機擾台

中國自（二〇二一年）十月一日起連續大量派出軍機入侵我防空識別區進行騷擾，單日最高達五十六架次，至十日繼續派出三架共機擾台；十月以來，共機來犯一百五十架次，然而，台灣上下一心，無懼中國騷擾，自總統至人民都擺出堅定態度，讓中國只是徒勞。

分析中國大量派出共機擾台，主要原因不外中國國內經濟已深陷困境，在中國本身十一國慶時，意圖挑起衝突，掀起中國人民民族主義情緒，轉移經濟與民生問題的注意力。

長年來，中國地方政府財政仰賴炒作房地產挹注，但是房地產恨天高引起民怨，造成青年「躺平主義」，並醞釀大量壞帳危機，使得中國中央不得不出手嚴控，一出手就造成恆大資金斷鏈危機，各大小房地產公司亦均面臨倒債困境，更嚴重的是接下來地方政府財政將進入寒冬。

在全球主要經濟體中，中國一向是能源效率最低國家，亦即能源上漲對中國最為致命，近年歐洲強勢減碳使得全球煤礦減產，適逢全球疫情，歐美國家大舉寬鬆、紓困，釋出大量貨幣，使得原物料反應通貨膨脹；疫情也造成全球運輸大亂，打亂供需平衡，而歐美各國拉升疫苗施打率後重啟經濟，一時間造成全球能源價格急漲。

中國最仰賴的煤，國際價格自二〇二〇年低點迄今暴漲四倍，雪上加霜的是，中國又與澳州打貿易戰自掘墳墓，造成大缺煤，煤價暴漲，燃煤電廠不堪虧損停擺，陷入全國大停電。

面對國內緊張情況，習近平一籌莫展，想到的竟是欺壓台灣以轉移人民焦點的餿主意，然而，台灣自蔡英文總統以下，政府不慌亂、人民冷眼旁觀，股市自十月以來還呈現上漲，台灣人備戰不求戰，但也不畏戰的表現，讓中國動員大批軍機卻毫無效果，自取其辱。

中國當前並未動員全面戰爭準備，共機擾台只在威嚇，希望看到台灣人慌亂、民心士氣崩潰，想見到政府手足無措、台股大跌、執政黨民調大降。雖然台灣內部有特定黨派少數人士跟中共唱和，但智慧的台灣人讓中國無法得逞，中國不斷加碼再派軍機，也是無效。

台灣人民操持堅定態度，中國自討沒趣，只能摸摸鼻子，不如將航空燃料省下來，而台灣人如此的信心乃是挫敗中國軍機擾台的最好辦法。

二〇二一年十月十二日

堅定備戰是避免戰爭的最佳辦法

蔡英文總統國慶演說主張中國與台灣互不隸屬，宣示堅持保衛台灣，獲得台灣民意壓倒性的支持，儘管總統演講強調「中華民國」與「維持現狀」，中國仍然狂怒叫囂，這清楚告訴台灣人：中華民國的遮羞布已經沒有作用，維持現狀的主張也不保證和平。

國內親中政黨與統派媒體，對此天天呼應中國，不斷質疑台灣是否真的準備好與中國一戰，台灣民眾則大體上歌舞昇平，不認為會發生戰爭

其實，這兩種反應都不恰當，國際友邦對台灣歌舞昇平感到不解，但親中政黨認為只要講中國喜歡聽的話就不用打仗也是極度天真。中國歷史上，南唐百般委屈迎合，卻還是遭到宋入侵滅亡，只因臥榻之側，豈容他人酣睡。

視而不見歌舞昇平只會陷入危險，但是一味恐慌也不會更加安全。綜觀人類歷史，想要避免戰爭，唯一的辦法，就是堅定備戰，敵人見到戰備完整，無機可乘，自然打消入侵念頭；盟友見到我方有自衛決心，才更願意支援協助。自助而後人助天助，是亙古不變的道理。

美國多年來要求台灣國防預算需達到GDP百分之三，台灣卻始終不願編列足夠國防預算，在蔡英文總統任內，才將國防預算提高到GDP百分之二以上；以色列當前面對的敵對中東國家總體國力遠小於中國，但二〇二〇年仍編列GDP百分之五．六的國防預算。現代軍事科技樣樣需要經費，面對中國威脅，台灣必須投資國防。

經費以外，台灣在少子化嚴重情況下，募兵制顯然無法取得足夠兵源，美國過去曾對台灣改制募兵樂觀其成，如今在純粹的數量問題下，建議台灣恢復徵兵，台灣卻缺乏負責任的政治人物提出恢復過去「徵募並行」制。

堅定的備戰決心與堅實的國防投資，是確實避免戰爭的不二法門。提高國防預算，恢復徵兵，只是開始，當台灣展現更強大的自衛意志，盟友也會更加願意力挺，中國在軍事上無法威脅台灣，就只能收起狂妄嘴臉，不再挑釁。這是維持台海和平，最有效也是唯一的辦法。

二〇二一年十月十九日

備戰才是和平的唯一辦法

美國總統拜登在CNN專訪中兩度強調美國保衛台灣，國防部長奧斯丁、駐中國大使伯恩斯同樣呼應，顯示「戰略模糊」時代已經過去，面對中國盲動必須採取新的「戰略清晰」，台灣也應該學習盟友的智慧，「備戰、不懼戰」才是避免戰爭最有效且唯一的辦法。

台灣自馬英九時代，國民黨鼓吹只要和談就不用打仗的錯誤觀念，民進黨為了反制，稱推動台灣獨立不會打仗，都是國民黨在恐嚇國民。在兩大黨刻意忽視下，民眾陷入矛盾心態，平時歌舞昇平，一旦與中國衝突卻又嚇得半死，但這兩種心態都是錯誤的。要降低戰爭風險，唯一的辦法就是體認戰爭風險，堅定面對。

政府加強國防投資與軍事訓練，民眾加強戰備意識，敵人看到軍容旺盛，民心士氣穩固，只好打退堂鼓，戰爭就不會發生。蔡英文政府已著手強化軍備，近來國防部宣布對美採購七百一十億元岸置魚叉飛彈，民心也應從歌舞昇平中醒來。

應做的事情有許多，包括最基本的演習。台灣每年都進行萬安軍民聯合防空演習，卻越來越虛應故事，人民只知不能開車上路，否則很麻煩，並未真正進行人車疏散演練；二〇二〇年以來為了防疫，連人車疏散都不做，人民只覺得警報很吵。等疫情結束後，防空演習應檢討落實。

我國法律規定，公用建築及六樓以上非公用建築，都必須設置防空避難室，過去萬安演習並未真正落實進入防空避難室，台灣人大部分不知道路上最近的防空避難場所在哪裡，也不知該如何尋找防空避難室告示牌。同時避難室管理鬆散，許多無法使用：辦公大樓下班後地下室鎖死，住宅大樓有門禁管制，地下室堆滿雜物，甚至名為防空避難室卻根本是化糞池。

一葉知秋，台灣人對戰爭的基本心理準備可說等於零，怪不得對戰爭心生極大恐懼，演變為盲目不願面對。要達到真正安全，就要從這樣的幻覺中醒來。或許，就先從萬安演習認真實際演練開始，人人進入防空避難室；並檢討改善防空避難室各種問題，告示要明顯，出入要容易，更進一步備齊避難物資：口糧飲水及醫藥，並定期更新，這都是政府與民間需攜手合作的重要任務。

台灣不只有戰爭威脅，還有天災人禍，若人民平時熟練應對危險和威脅，避難室完善並備有充足緊急避難物資，遇上天災人禍時有備無患。更重要的是，對戰爭有心理準備，不會驚慌失措，就更會展現堅強決心，進而杜絕中國武力威脅的野心。

在歐美強力挺台抗中的情況下，中國想要投機動武，唯一成功機會，只能賭在台灣民心快速崩潰，在美國前來救援之前就投降。若是台灣人顯得軟弱，中國就越有可能動武，只要台灣人知戰敢戰，中國無機可乘，只好打消動武念頭。備戰才是和平的唯一辦法，始終是不變的真理。

二〇二一年十月二十六日

用公投讓核四幽靈徹底安息吧！

核四歷經數十年紛擾，於馬英九時代決定封存，如今這個幽靈卻又作祟，在政治惡鬥下由國民黨提出、列入年底四大公投。事實上，核四毫無任何存在價值，應盡快停損，讓它永遠落幕。

核能並不是解決台灣當前能源問題的好工具，核能特性是大而無當，反應爐一開啟就只能全開，沒有任何調節能力，而單一機組規模大，每年歲修時間一口氣減少近千百萬瓦發電容量，造成調度困難，過去限電往往都發生在核電廠機組歲修期間。

台灣過去用電尖峰在夏季中午，如今因太陽能的發展，中午不再是供需吃緊時刻，下午五點成為新的電力調度瓶頸，夏季尖峰每天吃緊時間約二十分鐘到一、二個小時，為此興建一啟動就只能全天候發電的核電廠，可說是動手術卻用大榔頭。

過去台電堅稱核能便宜，聲稱核一廠發電成本每度電〇・六九元，其實是因為會計上把建廠成本都已攤提完成，因而嚴重低估核能發電成本。美國能源資訊局二〇一八年展望資料評估新設核電每度電均化成本〇・〇九一美元，經通膨換算後約為二點七三元新台幣；英國欣克利C核電廠購電合約，經通膨換算每度電約四元新台幣。

相對的，全球可再生能源成本快速下降，全球離岸風能、地熱發電均化成本每度電已來到二元新台幣以下，而且還在持續下降，相較之下，核能受到三一一事件後檢討安全因素的影響，成本還在上升。

核能風險更是不能忽視，核災特性是一旦發生永無寧日，一九八六年車諾比核災至今已經三十五年，爐心熔融物仍未安息，二〇二一年五月，反應爐下方編號三〇五／二室隔間的反應又加溫，中子輻射量大增百分之四十。福島事件後同樣無法收拾，每天產生大量輻射水，成為永久的頭痛問題。

車諾比核災造成白俄羅斯、烏克蘭及俄羅斯兒童甲狀腺癌大增，而在禁制區內，動物有大量腫瘤、白內障、腦萎縮及發育不正常現象。低劑量輻射對健康尚未確認一定有不良影響，但核災高放射性汙染則肯定嚴重危害健康。

核災損失更是天文數字，車諾比災損高達兩千億美元，福島核災災損則達二十一兆五千億日圓。核能大而無當、昂貴、一旦事故無法處理，更會賠不完，實在沒有任何採用理由，不妨就用公投讓核四的幽靈，徹底安息吧！

二〇二一年十一月二日

勿因藻礁傷害台灣和人民福祉

台灣當前電力相當仰賴大潭燃氣發電廠，其重要性，從二〇一七年八一五大停電可知。規劃機組擴建陸續完成後，總發電量將達七千四百百萬瓦，超越台中火力發電廠成為最大電廠，就近供應竹科用電，包括「護國神山」台積電。

行政院日前公布三接外推方案，以保護藻礁最大化和影響供電最小化為策略規劃，盼爭取國人支持。

為供應大潭發電廠所需冷卻水，沿著小飯壢溪出海口北緣，兩道進水防坡堤圍起一片海域，作為大潭發電廠的進水口，再更北方兩道平行出水導流堤直插入海，是為大潭發電廠的出水口。

大潭電廠需氣量極大，就近供氣，在規劃上最為合理，因此早有觀塘工業區、工業港連同供氣合約與接收站的規劃，觀塘工業區第一期造地工程於二〇〇一年開工，工業港也部分興建，因東帝士發生財務困難而停擺，大潭出水口以北，因此間隔著有兩處填海插入海中的荒廢土地。

過去談論保護藻礁，指的都是如今已劃為保護區的觀新藻礁，罕有人談論大潭藻礁。大潭沿海早已重度開發，若是還有很多藻礁生態，那就表示藻礁對人為工程影響的抗性強，根本不需特別保護。

藻礁保護人士聲稱只有台灣有，的確，全球文獻中不見特別提起藻礁。正是因為海水太過汙濁時，珊瑚礁無法生長，才會淪為藻礁，藻礁的生態多樣性其實遠遠遜於珊瑚礁。

藻礁研究人士也自己說出，鑽探的岩蕊顯示藻與珊瑚礁層層疊疊交錯，該海域七千五百年來一直在藻礁與珊瑚礁中交互取代演變，藻礁在七千五百年中不斷消失又自動重新長出無數次，並非所謂滅絕了就再也不會出現。

民進黨在野時蔡英文主席曾經喊出保護觀新藻礁，如今因此遭藻礁保護人士綁架，無法說出大潭並沒有藻礁保護問題的實話，導致藻礁議題竟然在民調上落後，釀成國家經濟戰略危機。

在此呼籲，蔡英文總統應鄭重澄清：大潭非觀新，生態會變化，國家要生存，事有輕重緩急。

只要總統發揮領導力，相信睿智的台灣人會明白：觀新藻礁或許是一種特殊景觀，但大潭海岸線已經受人為工程影響極大，並非自然生態，實無保護必要。

就算對執政黨不滿，台灣也多的是選舉，可別為了「教訓民進黨」卻自我傷害台灣和人民的福祉。

二〇二一年十一月九日

敦厚台灣人不會說堅實摯友的食物有毒

筆者留美並曾在美執業，與眾多留美台灣人，不論是美國牛肉、豬肉，都享用多年，台灣也早已開放以萊克多巴胺養殖的美國牛肉進口，台灣人享用美味，從未有任何健康問題，安心安全毋庸置疑。

萊克多巴胺屬於「乙型受體素」，許多人看到專有名詞就產生莫名恐慌，就好像國外科普整人節目常故意稱水為「一氧化二氫」，被整對象以為是什麼高深的化學物質嚇得要死。

人遇到緊急情況，身體就會分泌腎上腺素，使心跳加快、瞳孔放大、肌肉血管擴張，皮膚、內臟的血管收縮、腸胃不動，把身體能量集中到肌肉，以準備戰鬥。這些效應，是透過腎上腺素在身體不同組織的細胞上與不同受體結合，來向身體各部位傳達訊息。

醫學上利用這樣的機制，製造能刺激受體的受體素，來達到相對應的效果，譬如使氣管平滑肌放鬆以治療氣喘，許多氣喘用藥都是乙型受體素。

禮來藥廠原本開發萊克多巴胺也是要作為氣喘用藥，卻發現代謝排除速度太快，只好放棄，轉念一想，太容易代謝排除，用來當治人病的藥是缺點，但是用來當畜牧用藥就是大大的優點，因為快速消失，不易殘留，於是成為美國唯一許可使用的「瘦肉精」。

台灣過去養豬業被驗出偷偷使用乙型受體素克倫特羅（clenbuterol）、沙丁胺醇（salbutamol），殘留時間與藥性都遠比萊克多巴胺強，在野黨對此從未關心，卻汙蔑萊克多巴胺為一點都碰不得的毒。以美國告訴風氣之盛，若萊克多巴胺真的有毒，早被告倒。

歐盟拿萊克多巴胺開刀，是貿易保護主義下常見的非關稅貿易障礙手法，萊克多巴胺須大規模科學管理的商業大型養豬場使用才有經濟效益，歐盟真正目的是要排除美國商業大型養豬場的競爭，以保護小農。台灣以貿易立國，必須公平開放，以積極參與全球自由市場，不能以固陋的保護主義畫地自限。

過去民進黨為反對而反對，以及不了解國際貿易保護主義與談判常態，誤信表面說法，貽笑大方，如今執政，知錯能改，反而國民黨過去執政時明知無毒，如今卻無理取鬧。

台灣不論朝野都希望美國保衛台灣，美國也如此承諾，是兩肋插刀的講義氣朋友，當這樣的摯友，分享自己也吃的食物，卻大喊有毒？台灣人生性敦厚，講人情重義氣，想必不會做出如此無禮可憎之事。

二〇二一年十一月十六日

從美國豬肉貿易重要性看美越實例

台灣以貿易立國，然而國人對國際貿易常只想到半導體、工業產品，不知農牧產品在國際貿易與國際政治上牽一髮動全身，使得反對黨得以用「義和團」排外方式煽動禁止進口重要盟友農牧產品。

適逢越南調降進口冷凍豬肉關稅，自二〇二二年七月一日起生效，可讓我們觀察到豬肉貿易在美國政治上的重要性。越南調降關稅消息一出，美國養豬產業遊說組織「國家豬肉生產委員會」立即慶賀邀功，揭露越南是該會當前最優先的遊說目標。

越南在川普時代，遭到美國質疑操縱匯率，刻意將貨幣貶值以對美國有出口優勢，川普政府原本要制裁越南，當時美國國家豬肉生產委員會為越南發聲，表示越南是美國豬肉的重要市場，希望川普先暫時不要對越南施以制裁。另一方面，美國國家豬肉生產委員會藉此向越南邀功，並要求美國貿易代表戴琪施壓越南降低美國豬肉進口關稅。

川普於是真的暫緩制裁越南，這樣的交換條件，促成如今越南降低美國豬肉關稅。國家豬肉生產委員會感謝促成此事的民意代表，包括美國民主黨、共和黨兩黨眾議員。

越南因為非洲豬瘟使進口需求大增，即使如此，二〇二〇年也只進口二點五萬公噸美國豬肉，總值五千四百萬美元，比起越南出口美國總值只是九牛一毛，小小的豬肉貿易竟然可以扭轉川普制裁全越南產業的決定，這就是國際上的現實，不只是因為美國養豬產業的政治勢力，也因為重點不在金額，而是貿易的公平。

台灣人以為豬肉貿易沒什麼了不起，其實不然。更嚴重的是，若對已經談妥的貿易條件一再出爾反爾，台灣在國際上任何外貿談判承諾的信用勢將蕩然無存。

立陶宛讓台灣以台灣之名設立辦事處，使台灣大大的揚眉吐氣，台灣人感激立陶宛，其實，背後是美國的運籌帷幄，辦事處設立後，立陶宛立刻獲美國進出口銀行六億美元融資，這告訴我們貿易與國際政治息息相關，以及當前美國的確時時關照台灣。

台灣竟然對這樣的靠山盟友，沒有任何臨床證據，就誣指美國長年認可的以萊克多巴胺養殖豬肉為有毒，要求禁止進口，形同「貿易制裁」，這樣能在國際上行走嗎？有智慧的台灣人請三思。

二〇二一年十一月二十三日

國民黨派人赴美，別再自欺欺人

國民黨宣布，黨主席朱立倫授命國際部副主任黃裕鈞於（二〇二一年）十一月三十日赴美負責開設國民黨駐美代表處，強化國民黨對美維繫，稱要傳達「國民黨堅定捍衛中華民國、保衛台灣以及厚實台美關係」立場。

朱立倫或許想重新打造自己「朱保護」——維基解密中朱立倫被列為美國線民，名字遭劃去為「受保護」——的親美形象，然而，僅派個副主任，就能看出心意如何。

更關鍵的是，朱立倫不顧美方自國民黨執政時代，就希望台灣基於貿易公平原則，平等合理開放美國牛肉豬肉產品的強烈意願，罔顧當年國民黨坦承告知台灣人民萊克多巴胺無毒，如今卻張牙舞爪，汙衊美國正常安全生產的豬肉產品為「有毒」，還稱「不顧民眾健康」。

朱立倫更不顧當年國民黨早就明知萊克多巴胺問題在全球主要是貿易保護主義下的談判藉口，誑稱一百六十國反對萊劑，以進一步汙名化美國豬肉產品，更故意不告訴國民，歐盟於WTO無法提出有效科學證據支持而敗訴，為此必須賠償，歐美談判以開放等值一億美元市場代替。

國民黨當年開放萊牛至今，毫無任何問題，如今卻為反對而反對，還自欺欺人，稱反對萊豬不等於反美，無視泰國因以萊劑為貿易障礙，遭美國部分取消普惠關稅待遇，美國態度非常明顯。

朱立倫明明就是反美，就別再提籃假燒金，自欺欺人以為派個副主任去華府，就能「外銷轉內銷」欺騙國人，若真要改善與美國關係，應立即宣布認錯，宣傳公投不可同意反萊豬，否則，派人去美國，只是遭美國劈頭修理一頓而已。

二〇二一年十一月二十九日

莫讓萊豬斷送台灣貿易命脈

過去國民黨統治時代施行大中國「以農立國」教育，使得台灣人普遍對國際貿易並不了解，認為只有少數菁英需要知道，因而缺乏基本國際貿易常識，對以商貿立國的台灣來說，這是動搖國本的致命危機。

世界上信奉保護主義的國家總是用盡藉口，阻撓其他國家出口到本國，這種手法，國際貿易談判上稱之為非關稅貿易障礙，是國際貿易上的常識。

日本曾稱日本的雪特別，其他國家的滑雪板不適用；自訂安全標準，以讓外國車輛進口日本都必須要改造；化妝品輸入要經過各種安全檢查，藉此積壓在保稅倉庫故意讓其過期。種種手法，表面上都宣稱是為了國民安全，實際上司馬昭之心，就只是要妨礙進口。

對此，美國當然也會產生反制，印度長年來宣稱有開放美國豬肉進口，實務上卻故意以旋毛蟲檢測阻撓，藉此妨礙，讓一塊美國豬肉都進不了印度市場，但美國根本沒有旋毛蟲疫情。由於這樣的不公平貿易手段，二〇一九年川普政府就取消印度適用普遍優惠關稅措施。

二十三日美國貿易代表戴琪與印度共同宣布，印度將接受美國檢疫認證，以實際允許美國豬肉進口。以此為交換，美國國會正提案，將重新讓印度適用普遍優惠關稅措施。

國人對國際貿易談判的爾虞我詐沒有認知，乍看各國主張，往往把貿易障礙的表面安全藉口當真。歐盟以萊劑為藉口，本質是使用萊劑需大規模科學養豬才有成本效益，歐盟從未有萊劑有害的科學證據，故意提出食安問題，主要是想保護小農，排除美國大型養豬場競爭。

泰國也同樣以「守護人民」為藉口，故意以萊劑為由，阻撓美國豬肉進入泰國市場，耍不公平貿易手段的結果，則是遭美國取消價值八・一七億美元的產品適用普遍優惠關稅措施。

美國兩黨眾議員代表團一個月內二度訪台，眾議員梅絲二十五日下機時更高調稱抵達台灣共和國，美國堅定抗中保台，但貿易是友誼關鍵。

印度同為美國抗中重要盟友，從善如流，實質開放進口美豬，小小豬肉貿易，卻能裨益印度每年出口美國金額高達將近八十億美元之譜。台灣狀況也相同，國人應權衡利害得失，了解國際貿易，思考台灣以商立國的本質，做出最智慧的判斷。

二〇二一年十一月三十日

無知者盲目反對燃氣發電，恕難同意

人類原本以燃煤發電為主要電力來源，而在國際推動減碳過程中，認為發出同樣的電力，燃氣發電產生的二氧化碳遠少於燃煤，因此可做為減碳的過渡能源，然而，國際上有許多激進減碳主義者，認為一丁點二氧化碳都不可以排放，因此對燃氣發電極度敵視，並以許多錯誤認知盲目反對。

大潭第三天然氣接收站數十年爭議的過程中，其實許多反對者，是反開發，反燃氣發電，包括護礁主導者潘忠政也承認最初根本不識藻礁，只是為了反對開發找理由。反開發也是言論自由，民主國家尊重不同意見，但是許多反對說詞，完全違反基本科學知識，必須分辨真偽。

反對者稱，第三天然氣接收站會導致水溫上升破壞生態，讓附近變成「海鮮湯」，這是完全沒有物理學常識的嚴重謬誤。天然氣接收站的作用，是接收以船運的液化天然氣，氣化為天然氣，以供使用，液化氣體重新氣化時會吸收大量熱量，第一天然氣接收站附近，海水溫度其實是降低。會把升溫跟降溫都搞錯，就可知反對者水準。

反對者又稱，燃氣發電很貴，這說法顯示對燃氣發電基本常識毫無了解。

燃氣發電分為單循環與複循環，前者的能源效率較低，最高僅能達百分之四十，但是使用彈性大，主要用於尖峰彈性調度，由於能源效率低，加上僅在有調度需要時才啟動使用，相對攤提成本高；複循環能源效率可達近百分之六十，主要使用方式是盡量連續發電，作為基載或中載使用，由於全天候發電，相對攤提成本低。

兩者的發電成本因而天差地別，美國能源資訊局、投資銀行LAZARD的估算資料都顯示，每度電均化發電成本，單循環燃氣發電大約為複循環燃氣發電的三倍。所謂燃氣發電很貴，是單循環燃氣發電拉高平均，複循環的成本遠低於平均。

而大潭發電廠為複循環燃氣發電，第三天然氣接收站即為了直接供應大潭電廠而設置。

台灣「護國神山」台積電正在擴廠，需要大量電力，不僅如此，受中美貿易戰影響大量產業準備回流，電力供應是重要考量，台灣未來終會走向全綠能，但過渡期間需要燃氣發電的支持，國家整體能源戰略不能由連升溫降溫都搞錯、單複循環之分都不知道的盲目反開發者決定。

有智慧的台灣人，為了國家永續發展，不能同意無知者的主張。

二〇二一年十二月七日

四投不同意，台灣更有活力

台灣在美日盟邦力挺下，國家安全地位越來越獲得保障，美國參眾兩院通過最新國防授權法案，明確指示美軍阻止中國武力犯台，加強台灣防衛能力；日本前首相安倍則發表「台灣有事就是日本有事」宣言，現任首相岸田則力挺台灣加入ＷＨＡ，以及歡迎台灣加入ＣＰＴＰＰ。

在這個好不容易盼到的國際有利局勢下，台灣最不需要的就是自亂陣腳，中國國民黨提出四項公投，以各種似是而非的理由迷惑國人，其實唯一的目的只有一個，就是擾亂台灣。

台灣過去養豬業驗出偷用殘留時間與藥性遠比萊克多巴胺強的瘦肉精，中國國民黨從不在意，卻汙蔑美國豬肉為有毒；趙少康不惜瞞天亂喊扯出「六碗豬肝」論；謝龍介不惜自我小丑化，喊出根本與瘦肉精無關的「睪丸縮小」論，種種鬧劇，司馬昭之心，就只是要妨礙台灣的貿易。

台灣各出口產業上下游從業人員可捫心自問：是否要如泰國般，為了盲目反萊劑，遭受美國取消貿易普惠措施反制，為了中國國民黨的胡鬧，貴公司產品遭無故增加一兩成關稅，願意接受？

大潭沿海早已重度開發，遠非原生生態，這也是國民黨執政時規劃直接在海岸線上興建第三天然氣接收站的原因，如今卻誆稱為藻礁珍貴生態一丁點都不能少？其邏輯錯亂，真正目的就只是要妨礙「護國神山」台積電的主要供電來源大潭燃氣電廠。

國民黨高舉基載電力，聲稱要有廉價基載電力，其實大潭電廠身為複循環燃氣發電廠能源效率達近百分之六十，複循環燃氣發電成本僅單循環燃氣發電的三分之一，作為基載電力比核能便宜，有立刻可用的大潭燃氣發電廠做為減碳的穩定便宜過渡能源，當然不需要昂貴又大而無當、完工曠日廢時、追加預算沒完沒了、安全性可疑、廢料不知怎麼辦的核四廠。

公投如何進行本為技術問題，卻被國民黨用以作為影響選舉工具。當前國際挺台抗中，中國訂單回流，台灣經濟正在回復榮景，最不需要的就是政治操作、盲目反美、反商貿、反開發、反能源。四個公投，台灣人必須投下不同意，結束這場鬧劇，才能更有活力邁步向前。

二〇二一年十二月十四日

通過民主考驗，台灣仍需努力

國民黨推出四項公投，以食安、環保、電力、民主為藉口，但詳查其內容許多自相矛盾之處，作法上也是司馬昭之心，只是要破壞台灣的貿易基礎與產業經濟，製造風險與政治混亂，並破壞台灣與重要盟邦的關係。最初許多善良的台灣人不察，一時民調同意遙遙領先，但最終有智慧的台灣人，還是將之全數否決。

公投結果顯示，大多數台灣人對國民黨的煽動不為所動，抱持專業政策應由代議政治專業決定的民主理念，選擇不投票，而有四百多萬台灣人選擇捍衛台灣的未來，投下不同意票，使得本來可能造成台灣重大經貿外交與能源災難的四大公投案全數否決。

這個過程主要是兩黨對決，中間選民看穿國民黨提出公投題目為假議題，不願參與，顯示對民主認知的成熟，但這也提醒執政黨，未來要如何爭取中間選民認同，仍是一大課題。

過去民進黨曾經於在野時盲目反對萊豬，如今願意承認昨非今是，積極為了開拓台灣貿易生路而奮戰，執政黨與行政團隊總算全面動員，在總統領導下全台宣講，副總統賴清德以身作則，踏遍本島離島參與一〇六場說明會，為全黨之冠，呼喚出台南選民，台南勝差約十六萬票，居功厥偉。

國民黨全軍覆沒後內部交相指責，短時間內應該不敢再如此胡鬧。民眾黨、時代力量自作聰明，推出所謂兩好兩壞、一好三壞想在兩大黨間爭取存在感，其結果是，四項公投之間的票差最多僅約十五萬票，顯示依照民眾黨、時代力量幾好幾壞投票的選民少之又少。第三勢力政黨若不認清超越藍綠的基本共識是保衛台灣，未來將無立足之地。

儘管台灣有驚無險通過考驗，短暫慶賀過後，仍有許多任務需要執政黨、政府以及全民共同努力。否決訴諸反科學不理性恐慌的反萊豬之後，台灣要暢通貿易，還有一個相當的障礙，那就是盲目抵制日本食品，汙衊為「核食」。

放射汙染並非照地域分布，日本五縣食品經檢驗，絕大多數沒有檢出輻射，絕非所謂核食，美國也已經開放進口。日本大力支持台灣、贈送疫苗，台灣不該抹黑摯友的食品有毒，更不該自己製造加入ＣＰＴＰＰ的障礙。

台灣以商貿立國，開放自由的貿易是台灣的命脈，公投勝利證明執政黨站在民意的一方，希望能再接再厲，同樣積極推動宣講說明，開放日本食品進口，擁抱盟友與貿易商機。

二〇二一年十二月二十一日

這是兵凶戰危的一年。

年初，俄烏戰爭開打，震驚全球。
七月，倡議「台灣有事，日本有事」的前
日相安倍晉三遇刺身亡。
八月，美國眾議院議長裴洛西來台訪問。
中共戰機擾台。
年底，九合一大選，台灣將決定新一任
地方首長與民代。

變局，考驗著領導人，也考驗民眾的智慧。

2022

堅韌台灣，新年新氣象

蔡英文總統於新年談話強調施政四大主軸：持續走向世界、維持經濟發展動能、鞏固社會安全體系、堅守國家主權。總統闡述清晰明確的「堅韌台灣，立足世界」戰略目標，在一年之始，為台灣帶來新氣象。

一元復始萬象更新，不只是日曆翻過一年，而是從內心的思維都煥然一新，總統做到了這一點，相對於往年談話，過去緊緊鎖住台灣的幽靈「中華民國」四字已無影無蹤，全文以台灣稱呼台灣，終於讓台灣得以自由自在。

總統誓言繼續推動南向、台美FTA、CPTPP，展現戰略高度，在此也期盼，總統在公投否決反萊豬的助力下，化解與美國之間的貿易阻礙，並進一步盡速開放日本食品，以排除進入CPTPP的障礙，這是二〇二二年台灣的當務之急。

總統強調堅守主權、堅持自由民主的價值，捍衛領土主權與國家安全，維持印太地區的和平穩定。欣喜總統一再誓言捍衛台灣，也在此期許總統能擇善固執，堅定推動盟國所要求的恢復徵兵制，化解兵源不足，並藉此展現自我防衛的決心，更鞏固盟邦的支持。

總統治國謹慎，提出「遇到壓力不屈服，得到支持不冒進」，總統嚴拒中國壓力已是有目共睹，但在此也鼓勵總統，配合美日印澳等盟邦全力對抗中國的國際局勢，在掌握良好契機時，可更積極進取，不需畫地自限，例如，CPTPP很明確的是為與中國主導的RCEP打對台，是合縱抗中的一環，如此應大方以台灣之名加入，無需再自我限縮為「台澎金馬」名義。

總統第二任期邁入第二年，在國民黨悲慘的公投胡鬧失敗後，執政將走向康莊大道，相信蔡英文總統必能善用剩下來的任期，開創歷史性進展。不過，過去陳水扁總統也曾對台灣價值與民主做出努力，卻因馬英九接任而幾乎前功盡棄，有此歷史教訓，期待蔡總統能明智選擇、及早培養接班人選，才能讓蔡總統的成就萬世不朽。

新年也是冰釋過往恩怨的時刻，韓國是相當重視轉型正義、追究責任的國家，卻選擇在新年前特赦朴槿惠，並非因為朴槿惠全然無辜，而是朴槿惠終究曾經擔任代表國家的元首角色，過去金大中也曾特赦全斗煥與盧泰愚，是為了國家的尊嚴與弭平社會的裂痕。他山之石可以攻錯，筆者也期盼蔡英文總統能從善如流，特赦前總統陳水扁，為台灣人解開這多年的心結。

二〇二二年一月四日

國民黨六大皆敗，該醒醒了

繼四大公投全數遭民意否決，（二〇二二年一月）九日台中第二選區補選，同時進行台北中正萬華立委林昶佐罷免投票，國民黨又雙雙敗北，朱立倫自二〇二一年九月底回任黨主席，除了緊接著十月陳柏惟罷免案以小差距僥倖成功，之後主導公投與罷免皆墨，陳柏惟罷免後的補選也落敗，可說全軍覆沒。

朱立倫成為國民黨內人人喊打的罪人，並不冤枉，這幾次他主導發動的朝野對抗，全都是為反對而反對，朱立倫過去被稱為是知美派，在維基解密中列為受保護的美國線民，明知台美關係的重要性，卻以為有政治利益可圖就倒行逆施，悍然挑動反對美國豬肉進口，睿智的台灣人當然不會自絕台美貿易與友誼，狠打朱立倫的臉。

朱立倫曾任桃園縣長，對大潭海岸線環境應相當了解，明知早已高度開發，生態處於人工環境下，沒有所謂保護價值可言，卻為了妨礙大潭電廠對竹科能源供應，意圖創造台灣電子業電力危機來打擊執政黨，而力主反對天然氣第三接收站興建。人民的眼睛是雪亮的，看到國民黨要摧毀台灣，當然不予贊同。

朱立倫藉著罷免陳柏惟在黨內立功，食髓知味後，緊接著想罷免林昶佐，然而不論罷免成功與否，都不影響國會中民進黨仍是絕對多數，也就是勞師動眾，純粹只是意氣之爭，對實際議會運作與政策的影響等於零，這種只為政治惡鬥的心機，遭選民看破，予以當頭棒喝。

在台北市中正萬華區，大部分選民不願隨之起舞，林昶佐罷免案投票率低迷，以未達法定門檻而失敗；在台中第二選區，選民卻是為了不讓國民黨得利傾巢而出，投票率高達將近六成。同一天的投票，北中兩樣情，選民傳達非常明確的訊息：國民黨別鬧了！民主政治的反對黨監督執政，是要監督做不好的地方，目標是讓國家更好，而不是什麼都反對，甚至想靠自毀國家來給執政黨帶來麻煩，如此選民當然不會支持，國民黨六大敗，該是好好自我反省的時候。

另一方面，台中顏家原本喊水會結凍，卻連老家沙鹿都落敗，顯示傳統地方政治與派系樁腳的逐漸式微。民進黨在許多地方執政後，部分百里侯接收傳統樁腳，意圖建立派系，見到國民黨的失敗，也要深自警惕：民意趨勢明確唾棄這種作法，遲早會遭時代淘汰。切記！政治的根本是為民服務、為國家的長遠發展著想。

二〇二二年一月十一日

以台灣之名走遍全世界

立陶宛率先讓台灣以台灣之名設立代表處，導致中國恐慌手足無措，竟召回大使將兩國關係降為代辦級，陷入「準斷交」，中國隨即意識到此舉形同將立陶宛拱手讓給台灣，改以商貿出手，威脅德商馬牌輪胎不准使用立陶宛上游產品，濫用不公平貿易措施恐嚇威脅，觸犯歐盟大忌，歐盟貿易專員提出中國海關故意刁難使用立陶宛零組件原料的歐盟產品，中國只得又連忙否認。

中國誤判立陶宛小國好欺負，又不知輕重胡亂對貿易出手，使問題上綱到「保護歐洲單一市場免受攻擊」。剛輪值主席國的法國，新官上任三把火，立即著手推動反經濟脅迫措施立法，德國外長強調面對中國威脅，全歐洲需一起行動。美國也立即表態支持受到經濟脅迫的立陶宛。

中國只好尋求立陶宛國內政治矛盾。立陶宛總統相較於一般內閣制國家趨近於虛位元首的總統，擁有略多實權，主要在外交方面，中國挑動總統與總理間的黨派對立情結，使總統出言抱怨。台灣親中派以為得到聖旨，大肆宣揚。

殊不知，立陶宛總統只是表達總統外交權未受尊重，外長則更加強硬捍衛挺台立場，立陶宛國會對台關係小組主席受訪時說明：這只是立陶宛民主國家正常的國內政治交鋒，立陶宛要強化對台關係是立陶宛與台灣的事，跟中國毫無關係。

中國在國際上動輒霸凌他國，貿易上只想偷佔便宜，導致與主要國家關係惡劣，美國、歐盟、北約會員國均大力支持立陶宛，不僅是捍衛盟友，更因早已決定要教訓中國。

歐洲議會持續以行動支持台灣，下個月表決的「共同外交暨安全政策」、「共同安全暨防禦政策」兩決議案均白紙黑字寫入支持台灣，預期將順利通過。

以台灣之名稱呼台灣，不只是正義，更是必要，如今歐美共識聯手抗中，台灣是重要抗中盟友，若是把台灣稱為「Republic of China」，那到底是敵是友？過去台灣曾遭打壓只能以各種假名代名在國際活動，但當前局勢已經不同，國內少數人仍眷戀中華民國，但過去中華民國的名稱在國際上也一樣行不通，如今更只會引起敵我混淆的大忌。

若有國民在國內認同中華民國，是民主國家的個人思想自由，但政府對外，因應當前國際局勢，本應全面推動台灣化，台灣用台灣之名走遍全球，是最理所當然的事。

二〇二二年一月十八日

恢復徵兵，展現台灣自我防衛意志

過去國際局勢曾經對台灣相當不利，任何主權的爭取努力，都被視為「麻煩製造者」，使得台灣政府與民間灰心喪志，進而自我麻醉，這是過去連續三任總統縮短國軍役期，朝向全募兵制發展的背景因素之一。

如今國際環境已經完全不同，美國積極聯盟抗中，台灣成為戰略重心，二〇二一年六月美國多位參眾議員再度提出《台灣防衛法案》，二〇二一年十一月參議員霍利提出《武裝台灣法案》，本月二十一日眾議員蓋拉格提出其眾議院對案。二〇二一年十二月美國國會通過《國防授權法案》也附加多項強化台灣防衛條文。

不僅美國，日本、澳洲、印度、英國，以及如今歐洲也加入抗中行列，每當中國軍事威脅，全球友台人士急忙詢問如何協助台灣，《經濟學人》認為台灣是地球上最危險的地方，然而，台灣人卻渾然不覺、歌舞昇平。

知名學者法蘭西斯．福山接受雜誌專訪時就提出寶貴意見：台灣不夠重視自我防衛，台灣犯的最大錯誤，是廢除徵兵制。福山振聾發聵的提醒，正呼應美國政、軍、情各界，屢屢苦勸台灣需表現自我防衛意志。

台灣人期盼一旦面臨戰爭威脅會有人來拯救，但是有人來拯救的基本要素，是先願意自救。畢竟，沒有人想幫扶不起的阿斗。徵兵制是表現防衛意志的明確方式，一國人民如果自己不為自己國家奮戰，其他國家會理會？

實務上需求，台灣因少子化，數學上不可能募得足夠兵源；所謂發展全民國防，若人民沒有服過義務役，或是役期極短有如夏令營，對軍事沒有基本常識，也不可能成功。

站在數學上的基本兵力需求計算，以及提倡男女平權、賦權女性，應該男女均服兵役。役期長度也應重新考量，當前服役四個月，連基本槍枝保養與射擊都無法熟練，毫無戰力可言，砲兵以上較專業兵種，更需要最起碼超過一年的時間訓練才有基本戰力。因此役期應恢復過去的兩年以上，專業兵種三年。

許多反對徵兵的理由是當前國軍戰訓不佳，當兵浪費生命，這種說法猶如因噎廢食，食品若衛生不佳，應該改善衛生，不是絕食。國軍的確有很多需改革之處，應該戮力革新，不是以此為由，不做該做的事。

台灣勿忘福山苦口婆心地叮嚀，備戰才是維護和平的唯一辦法，恢復徵兵制，已勢在必行。

二〇二二年一月二十五日

台灣，是台灣人的台灣

（二〇二二年）二月五日美國國會送來大禮，眾議院二百二十二位議員投下同意票，通過「二〇二二年美國競爭法」，法案主旨強化美國競爭力以制衡中國，除此之外，還包括呼籲行政部門，將我國駐美代表處，從妾身未明的「台北經濟文化代表處」正式改名為「台灣駐美代表處」，也就是讓台灣終於能以台灣之名行走。

美國國會的大動作，說明美國在推動國際大包圍中國的大戰略下，持續協助台灣正名，先前立陶宛正名台灣辦事處，也有美國背後推動，一連串連貫的運作，並非臨時起意偶然為之，難怪中國要對立陶宛大發雷霆，但是中國的無理取鬧，也不可能改變將有越來越多台灣辦事處的既定事實。

在喜訊傳來同時，台灣冬季奧運代表團，卻橫遭中國藉由主辦之便，大吃豆腐，轉播時故意稱為「中國台北」，更滲透接觸台灣代表隊掌旗官，誘使穿上中國隊隊服並發表於社群網路平台，藉此佔台灣便宜，讓人氣結的是，選手代表國家出賽，遭敵國利用為政治籌碼，竟然還稱「政治歸政治，體育歸體育」。

此種行為在國內遭藍綠雙方同聲譴責，然而，台灣參加奧運是透過中華奧會，一直默許參賽名稱為「Chinese Taipei」，先前東京奧運日本積極暗示願意協助，台灣自己卻不肯正名，Chinese本就是中國之意，如今遭中國惡意利用譯為「中國台北」，選手無敵我意識，穿中國隊服稱體育無國界，豈非咎由自取？

此次令人痛心的掌旗官遭滲透事件，提醒國人：過去台灣委曲求全，以中華民國的空殼，中華台北的假名，在國際上行走，雖有不得已之處，但也貽害甚大，不僅造成國際身分的混亂，也造成部分國人認同的錯亂，不知台灣是誰的台灣，不知自己是誰。

台灣就是台灣，以台灣之名稱呼，以台灣之名在世界行走，天經地義，台灣是台灣人的台灣，何謂台灣人？只要認同台灣、愛台灣，對台灣有貢獻，不問出身，不論血統，都是台灣人。馬偕生於加拿大，馬雅各醫師、蘭大衛醫師生於蘇格蘭，蘭大衛之子蘭大弼醫師生於彰化，自認台灣之子，他們的人生精華奉獻給台灣，稱他們是台灣人，相信沒有任何人會反對。

這麼簡單直接的道理，在世界上正常的國家，都不需要任何特別說明解釋。尤其是民主國家，主權在民，國家由人民自決，是普世價值。

過去台灣在國際上備受打壓，如今，美國帶頭要為我們正名，台灣人也應該更有信心，堅定決心、正大光明的以台灣之名走出去，台灣就是台灣人的台灣。

二〇二二年二月八日

對中國而言，我們都是台獨

國民黨專制統治時代將「台獨」塑造成禁忌話題，打為「三合一敵人」，亦即「台獨、黨外、共匪」，如今看來簡直笑話，但是當時國民黨成功的將台獨變成了一個不可敘述的負面名詞。台灣始終是主權獨立的國家，對台灣主權的論述，終究要回到現實，國民黨自稱中華民國統治整個中國，不管用課本再怎麼洗腦台灣學生，台灣政府就是管不了中國，相對的，中國政府也同樣無法踏足台灣。

歷屆總統逐步對台灣展開合理化論述，李登輝先生先提出「中華民國在台灣」；陳水扁總統接續提出「中華民國是台灣」；蔡英文總統使用「中華民國台灣」。隨著民主化進程，台灣人自主意識逐漸覺醒，對國家主權地也有諸多討論，在獨派中，有了「華台之辯」，認為「中華民國台灣」這樣的說法是「華獨」。

然而，華獨或台獨，都是台灣人自己在區別的。事實上，中國的態度相當明確，對中國來說，蔡英文總統同樣是台獨，甚至國民黨人至今死抱著中華民國，提到中國時言必稱「大陸」，中國一樣稱他們只要不接受中共統治就是台獨。

所謂華獨台獨，或是自認不是獨派的中華民國派，在台灣爭論不休，實在一點意義都沒有，因為中華民國的遮羞布在國際上也行不通，中國更是惡狠狠的封殺和打壓，消滅中華民國比消滅台灣的力道更強，因為對中共來說，中華民國危害他在中國的統治正當性，比台獨更加深惡痛絕。

那麼，到底何謂台獨？

相信絕大多數的台灣人，都清楚認知：台灣是主權獨立的國家。這並非一種主張，而是一個絕對的事實，在台灣的主權範圍內，中國既無權收取稅收、無法派兵進駐，更不能隨意捉拿台灣人。只要認知、認為台灣是主權獨立的國家，就簡稱台獨。以此定義，絕大多數台灣人都是台獨，不分所謂的華獨或台獨。

對中國來說，拒絕被中華人民共和國統一，就是台獨，不管你是台獨、華獨，還是「三民主義統一中國」，在中國眼中，不被中共統治，通通都是台獨。

過去台灣曾經必須委曲求全，如今國際情勢改變，美國帶頭正名台灣，反而是台灣政界與人民仍莫衷一是。除了極少數想被中國吞併的異類，大部分的台灣人應該覺醒了：其實，我們都是台獨。

二〇二二年二月十五日

烏克蘭老太太給台灣的啟示

烏克蘭如今戰雲密布，國際媒體大幅報導，俄羅斯自北面的白俄羅斯，東面的俄羅斯西界，南面的克里米亞半島，三方包圍烏克蘭，雖然普丁口說要撤兵，卻繼續軍事演習不停歇，歐美多國警告俄國將挑起大戰。

烏克蘭國內因應戰爭威脅，並非大舉逃亡，或是乞求和平，而是人人拿起武器，妙齡女兵部隊扛槍參戰的照片流傳世界；更令人動容的，是連已經年長的老太太，都端起槍枝表達要誓死捍衛家園。戰爭時，老弱婦孺往往是需要保護的對象，但是烏克蘭人的老弱婦孺也都為國作戰。

烏克蘭人做好了戰爭準備，然而，俄羅斯大張旗鼓至今，尚未真正開打。其實這並不矛盾，正是因為烏克蘭人都有誓死一戰的決心，所以俄羅斯儘管兵力數倍於烏克蘭，預期一旦進軍，會遇上頑強抵抗，陷入泥淖，造成太多死傷。在宣傳上不利，無法速戰速決更會讓歐美軍力有時間介入。

正是因為烏克蘭人不畏戰，一心決戰，所以戰爭反而不會真的發生，當然，既然戰爭沒有真正發生，老太太也不會真的戰死。

烏克蘭的老太太，給我們台灣人一個很重要的啟示，部分台灣人認為和平就是「躺平」，只要「不要刺激」對手就不會發生戰爭，殊不知中國歷史不是這個邏輯。

李後主對宋畢恭畢敬，仍因「臥榻之側豈容他人鼾睡」照樣滅亡，當然，更根本的原因也是李後主的南唐「隔江猶唱後庭花」，若是李後主的南唐全面備戰，跟烏克蘭一樣武裝到老太太，宋也不敢輕易發動戰爭。

台灣是個相對文弱的社會，軍人地位低、罕有討論人民擁槍權的聲音、因洪仲丘事件廢除了與該事件根本無關的軍法審判，甚至連徵兵制都名存實亡，役期縮短至四個月，形同夏令營，怪不得會有許多國民誤以為躺平就會和平，殊不知躺在地上還是會中槍。

烏克蘭老太太告訴我們，只有人人決心挺身拿起槍來奮戰，才是和平的最堅定保障，台灣人應提升尚武精神，政府也應思考規劃恢復足夠役期的徵兵制，強化後備戰力，進一步討論是否組織國民兵等，向全世界展現自我防衛的決心。自助才有人助天助，是永遠不變的真理。

二〇二二年二月二十二日

烏克蘭危機下，台灣堅若磐石

俄羅斯揮軍攻打烏克蘭震驚世界，台灣民眾在先前危機升高時，原本漠不關心，開戰後突然間人人討論。

居安思危是件好事，所謂「生於憂患死於安樂」，然而，國內部分政治勢力，卻拿烏克蘭危機來恐嚇台灣人，稱美國不出兵干預，就表示美國不顧所有盟國死活。事實當然並非如此，烏克蘭危機中，美國雖兵力不動，但提供情報支援，送上軍事武器，並聯合盟國對俄國施以經濟斷炊。

更根本的戰略常識是：國家戰略有優先順序，對烏國來說，很不幸的優先順序排在較後，那麼誰優先呢？烏克蘭危機中，美國並未調兵歐洲，卻先派遣柏克級神盾艦來台灣海峽，戰略重點一目瞭然。

二〇一四年，前次烏克蘭危機時，歐巴馬慌忙改變戰略優先順序，急於助烏克蘭對抗俄國，被迫暫緩大包圍中國，使中國得以推展一帶一路，更因此默許馬英九與習近平會面握手，台灣處境受到嚴峻挑戰，台灣人對此應該都還記憶猶新。

如今拜登記取歐巴馬時代教訓，美國兵力鎮守印太，台灣的安全因此堅若磐石，台灣人不需懷疑美國防衛台灣的決心，但是，台灣人應自問：要別人保衛自己之前，有沒有盡到自我防衛的努力呢？

媒體報導普廷原本狂妄認為四日內可結束戰爭，豈料烏克蘭總統澤倫斯基拒絕美國提供撤離，與人民一起堅守國土，前總統也持槍上前線，女國會議員同樣親自拿起槍衛國，稱不僅保護烏克蘭，也是保護整個自由世界。儘管兵力與裝備劣勢，全國將士用命，人民齊心，因此挫敗普廷「四日亡烏」的野心。

台灣人應自問，是否有如此自衛的決心，人民有決心時，政府有是否有做足夠的軍事投資？提供足夠的訓練？

包括國防預算，以色列國防預算占GDP的百分之五・六，台灣僅提升到超過百分之二。包括建軍策略，此次俄烏戰爭標槍、刺針飛彈建功，再度證明單兵反坦克、防空飛彈的重要性，我國是否研發、引進，以及如何訓練軍民使用？

包括兵役政策，如今徵兵制的役期時間過短，應該恢復有效的役期長度，且應擴大到男女皆當兵，服兵役應重視基本戰力訓練，減少為人詬病的「割草、掃地」，教召需更頻繁、更長時間且集中在戰技的複訓。

在野黨若要監督政府，應從上述方向著手，而非只會質疑美國保不保護台灣，那只是顯得自己無戰略常識。政府也應審慎思考，畢竟兵凶戰危，確保國家安全、擁有堅強的自衛能力，始終是最優先的項目。

二〇二二年三月一日

落實龐皮歐所言，讓台灣成為獨立主權國家

美國前國務卿龐皮歐經遠景基金會邀請訪台，蔡英文總統接見並頒授「特種大綬景星勳章」，龐皮歐接受授勳時，還特別戴上「堅若磐石」口罩，表達台美友誼堅定不移。

美國兩黨輪替執政，邀請龐皮歐訪台不僅鞏固共和黨執政時友台的雙方關係，還立刻刺激拜登政府，在烏克蘭危機中，為了不讓中國蠢動，堅定台灣這個抗中的最關鍵盟邦，也派代表團訪台，邀訪龐皮歐可說一石二鳥，同時鞏固台灣與美國兩黨關係，堪稱是傑出的外交操作。

龐皮歐任內就屢屢為台灣仗義執言，獲邀訪更直接提出：「……眾所皆知，台灣不是中國的一部分。」並直言美國應承認台灣主權，是「很簡單，也是正確的事」，龐皮歐以簡潔、確實的「Taiwan」主張台灣是獨立自由的主權國家，二十分鐘演講中，四十三次直稱台灣，九次稱呼台灣人民，然而僅僅四次使用了中華民國台灣「Republic of China（Taiwan）」。

但這下子對於英文世界的外國人來說，簡直是打啞謎，台灣不是「China」的一部分，但是卻又是「Republic of China」以括號註記台灣，到底是什麼意思？

龐皮歐的發言引起中國勃然大怒，並且，中國從來不承認「中華民國」，其一貫說法是一

九四九年已經滅亡，所以龐皮歐不可能是因為顧慮中國才這樣說。過去龐皮歐在美國都直呼台灣，來訪卻講「Republic of China（Taiwan）」，唯一的可能，就是善意配合邀請方要求，恐怕是我國食古不化的外交官員，又把台灣困在無謂的「China」問題之中。

記得日本原本明示暗示願為台灣在東京奧運正名，也是由政府自行放棄；CPTPP原本就是抗中聯盟根本不需顧慮所謂中國的反彈，卻又用「台澎金馬」的名義申請；如今害得龐皮歐的一片好意變成了謎語。外交官員沉溺於無用有害的「中華民國」思維，造成台灣一再自我放棄外交重大進展。

台灣就是台灣，就算中國用暴力逼迫全世界各國不能承認事實，台灣自己也應該大聲主張事實。以色列主張其首都在耶路撒冷，數十年來不被承認，但從未放棄過主張，經歷臥薪嘗膽富國強兵，終於在川普時代獲得實質承認，台灣卻老是自我放棄。現在是該學學以色列決心的時候了。

二〇二二年三月八日

歐美嚴厲制裁俄國，讓中國膽戰心驚

俄烏戰爭至今，歐美國家除了將大量金援、武器、情報支援送往烏克蘭，但仍小心翼翼地未派出正式兵力，這項以貿易、金融制裁為主要對付俄國的手段，看似對俄國嚇阻能力不強，不過，看在中國眼中，早已膽戰心驚。

俄羅斯經濟結構上重度倚賴原物料，創造更高全球貿易價值的工商業缺乏競爭力，使得平時俄羅斯國民生產毛額遠低於中國，但戰時不同，人民可以沒有名牌球鞋、品牌服飾、沒有遊戲機可玩，不會造成無法作戰，打仗需要的是基本糧食跟讓鋼鐵大軍運轉的燃料。俄羅斯本身是糧食石油生產國，即使貿易遭完全封鎖，使得盧布對外跌到一文不值，只要國內調度，軍事還是能運作到一定程度，過去前蘇聯時代在鐵幕之內也是運作了很久，直到阿富汗戰爭消耗十年才出現危機。

也由於俄國可以借道經濟體量遠比自己更大的中國，俄國遭逐出環球銀行金融電信協會（SWIFT）後，大量俄國企業改到中國開戶；金融機構遭VISA、Mastercard斷絕，則改用銀聯卡；石油糧食遭制裁，就轉銷往正缺燃料糧食的中國，這也是之所以制裁無法遏制俄國攻勢的基本原因，如今中國已因此成為歐美眼中釘。

但更讓中國害怕的是，中國基本條件與俄國相反，中國經濟體高度與全球整合，受到貿易與金融制裁打擊會是毀滅性；中國是糧食與燃料進口國，一旦貿易斷絕立刻會出現斷糧缺油危機；中國經濟體量過大，地球上沒有任何其他國家有辦法讓中國借道。

俄羅斯目前也已經有許多反戰示威，雖然還難以動搖普廷的政權，這也是因為俄國本身還供得起基本糧食燃料。中國不同，一旦遭嚴厲貿易、金融制裁，工廠全數停擺，大失業下，緊接著缺糧缺燃料，恐將引起全國遍地起義，有如歷史上各朝代末年的亂事。

更根本的是，台灣的戰略地位不同。有投降派論述台灣若守不住將遭歐美放棄成為南越翻版，這是沒有戰略基本知識的說法。

過去科威特對伊拉克侵略毫無抵抗力，但兩天淪陷後，美國為其復國，並發動兩次波灣戰爭，直到海珊授首。科威特的戰略重要性只是全球石油蘊藏量第四大國，即有如此待遇，台灣是半導體製造最大國，台灣的地理戰略位置也太過重要，不可能放棄。

但是，若像科威特手無縛雞之力只靠美國，結果則是國家在戰火中受到嚴重破壞生靈塗炭，所以台灣還是要更積極強化戰力，以完整的備戰遏阻中國的侵略野心，無須妄自菲薄。

二〇二二年三月十五日

美國力挺台灣，無懼中國超譯拜習通話

美國總統拜登與習近平視訊通話，會後，白宮方面表示這次通話的主旨是「俄羅斯對烏克蘭的無端入侵」，要中國徹底明白若是成為俄國幫兇會有何種後果，但是中國方面卻呈現雞同鴨講，主旨隻字不提，竟然自行聲稱拜習反台獨，而國內統媒還立即引用報導。

白宮方面發表的聲明，顯示中方的妄想是子虛烏有。實際上，拜登強調對北京在台灣海峽的脅迫和挑釁行動感到擔憂，並向中國嚴厲警告：美國反對任何單方面改變台海現狀。這樣的表達，對應中國近來不斷軍機、軍艦侵擾台灣海空域的行為，顯然美國反對的改變台海現狀，是反對中國侵略，而不是中國自我感覺良好的解讀成反台獨。

美國對於台海現況的認定，正在走向清晰化，簡單的說也就是「一中一台」：「一個中國」政策指中國就是中華人民共和國，而台灣是台灣，與中國無關。這體現在九日美國眾議院兩黨共同通過一點五兆美元二〇二二財政年度綜合支出法案，其中納入條文：禁止美國行政部門花錢製作、採購或展示任何「不正確標示台灣領土」的地圖。何謂不正確標示？把台灣畫為中國的一部分就是不正確。

美國為了將中國、台灣切割，通過法案要把行政部門所有地圖都改掉，不可再有把台灣畫成中國的現象，這固然讓台灣人雀躍，但是，台灣自己呢？每當總統副總統出訪，或是貨機載運援助友邦物資，照片拍下來，背後華航飛機上都有著大大的「China」字樣，全球抗中、抗俄，希望支持台灣的盟友，一定大感困惑。

美國要為台灣改正地圖，台灣自己的名字難道還要美國來努力嗎？至少，像華航英文名稱這樣的老問題，應該及早思考解套方案，各對外窗口、外館、護照等等，也要積極思考如何去除過去老是強調中華民國而留下的「China」英文名稱，如此才能讓全世界都明白「台灣是台灣，中國是中國」。

否則，當中國欺壓台灣，台灣要請全世界共同抗中保台時，外國人卻發現台灣也自稱「China」，那到底是要不要抗中呢？這是生死存亡的重要問題，也是一時半刻都不宜再拖延的重要工作。

二〇二二年三月二十二日

烏克蘭一帶一路全毀，曝露中國背信忘義嘴臉

俄烏戰爭開戰後，中國一直站在俄國一方，然而，在俄烏戰前，烏克蘭其實是中國一帶一路的重要合作夥伴，事到臨頭，中國投資也不顧、夥伴也不顧，秒速拋棄烏克蘭，投向俄國懷抱，凸顯中共政權專門背信忘義。

烏克蘭是最早響應中國一帶一路倡議的國家，在二〇一六年就讓中糧集團在尼古拉耶夫興建糧油中轉碼頭，至二〇一九年底中國企業在烏克蘭直接投資達一．五億美元；二〇二〇年烏中簽署金融和基礎建設合作協議；二〇二一年前十一個月，中烏貨物貿易額達一百七十三萬六千億美元，年成長百分之三十一．七。

中資企業在烏克蘭承包工程是中國在歐亞地區國家的首位，包括二〇一七年中國太平洋建設承建基輔地鐵計畫；二〇一八年烏克蘭黑海沿岸港口疏浚工程；二〇一九年華為基輔地鐵四G網路計畫；二〇二〇年華為烏克蘭網路安全改進計畫；二〇二一年龍源電力集團尤日內市大型風力發電場完工啟用。

按理，中國有這麼多商業利益在烏克蘭，烏克蘭又這麼配合中國一帶一路，應是中國最親

密的盟友才對，但對中國來說，只是「可拋可棄」的對象，俄烏開戰後，一帶一路代表性建設皆遭戰火毀滅，中國不顧烏克蘭死活，兩國合作協議都當做沒簽過，恬然無恥的討好俄國。

中國歷史就是一部背信史：秦滅六國大勢底定於長平之戰後，白起接受趙軍投降卻悉數坑殺四十萬人；漢帝國奠定於劉邦與項羽簽署鴻溝和議後立即撕毀和約逼殺項羽；唐帝國草創就兄弟自相殘殺；南唐百依百順，趙匡胤認同「江南亦有何罪？」，但「臥榻之側，豈容他人鼾睡」，照樣滅了南唐成就宋帝國。

清朝老是與外國簽約後馬上撕毀，不論是鴉片戰爭撕毀《穿鼻草約》，戰後也不遵守《南京條約》，引發英法聯軍兵臨城下簽《天津條約》，簽的時候又是打算馬上撕毀，甚至虐殺使節團，導致英法聯軍怒而攻入北京，燒毀圓明園。

這種卑劣的特性一直延續到中共，一九九七年簽署《中英聯合聲明》，保證「港人治港，高度自治」五十年不變，才不到一半時間，二〇二〇年就以《港區國安法》撕毀。

台灣仍有少數人認為跟中國和談簽一紙協定就能得到和平，這些夢想家可說完全不了解中國。對中國來說，簽約就只是用來撕毀的，英法聯軍早就發現只有武力才能讓中國乖乖守約。台灣人也應覺悟：只有堅持備戰，才是和平的唯一辦法。

二〇二二年三月二十九日

勿拿偏鄉醫療需求，作為開巧門藉口

筆者曾任馬偕醫學院董事長，猶記當年衛福部對於馬偕醫學生名額審核相當嚴格，馬偕體系一向致力偏鄉醫療，但最終馬偕醫學生每年仍僅有不到五十人名額，且由各大醫學系分配挪移而來，醫學生總量並未因此增加。

醫學生需總量管理，全球皆然，有其根本原因：一位醫師的養成，國家社會付出成本非常高。不僅設備，也包括師資：教授要從看診、手術時間中挪出教學時間。連同病人也跟著付出：見習、實習醫師、住院醫師，都在醫學中心的病人身上學習經驗。

醫學生不是越多越好，不妨捫心自問，你願意犧牲小我，手術要延後一個月，因為教授要多花更多時間教更多醫學生？你願意到醫學中心到處隨時擠滿了實習醫師？

國家必須要有下一代的醫師人才，是不得已的長期投資，但是必須求取平衡，尤其醫師培養期相當長，更要做長期的規劃。過去衛福部均以專業審慎評估，從人口與醫療趨勢，嚴格調整每一屆醫學生人數。

如今，卻突然撒手不管，宣稱為了偏鄉醫療，所以一口氣新開放三校設立學士後醫學系，偏鄉需要的是長期駐在偏鄉、了解偏鄉需求的醫師，不是任意以公費綁架醫學生，從大醫院到偏鄉水土不服，撐過公費年限後就立刻落跑。又說是為了生醫產業發展，但偏鄉與生醫產業是兩個完全不同方向，而且，眾所周知，翁啟惠院士是化學家，發展生醫產業誰說一定要念醫學系？

過去的經驗已知，只有在地生才會真心留在偏鄉服務，因為他們本是本地人，這是改善偏鄉醫療人才短缺的唯一有效方式，若三校真心要為偏鄉服務，請全數都只收偏鄉在地生，願意嗎？不願意的話就戳破謊言：只是拿偏鄉的不幸來當作開巧門的理由。

過去政府無視少子化還大舉增開教育學程，產生許多流浪教師，醫療不是純粹服務交易，醫師需有關懷的大愛、高尚的品德，為病人設想，醫病之間更需要有深厚的互信，若淪落惡性競爭，將會是一場災難，這也是各國都謹慎控管醫師人數的根本原因之一。

衛福部應繼續過去負責任的管理。否則堅守多年的穩定政策一夕變卦，只會讓人民懷疑是為特定人士開設巧門，醫界如今對這樣匆促粗糙的政策變動絕大多數都不認同，敢怒而不敢言，適逢選舉年，醫師社會影響力相當可觀，如此對二〇二二年本土政權的保衛將相當不利。希望府院高層能從善如流，審慎評估，勿錯判形勢，造成不可挽回的後果。

二〇二二年四月五日

烏克蘭贏得快速入歐，警惕惡霸國家

暴力蠻橫的惡霸國家總以為暴力就是一切，可以藉著暴力威脅讓他國屈服，然而，俄烏戰爭的發展，已給全球惡霸國家上了一課：俄國害怕烏克蘭入歐，不惜武力相向，結果只是造成烏克蘭加速入歐。

烏克蘭過去國內政治上在親歐與親俄之間擺盪，歐盟雖然不斷拉攏烏克蘭，卻並未要讓烏克蘭入歐，烏克蘭人對此也心知肚明，這個窘境反映在總統澤倫斯基從政前的成名作《人民公僕》的劇情中：

澤倫斯基當年所飾演的劇中烏克蘭總統，有一天突然接到德國總理梅克爾電話，致賀烏克蘭加入歐盟，澤倫斯基大喜過望，連忙致謝，沒想到他一開口說話，梅克爾發現打錯電話了，其實是要打給蒙地內哥羅，劇中澤倫斯基氣得在掛電話後大罵普廷。

這是《人民公僕》中知名的逗趣橋段，但是以此開自己玩笑，也正顯示出烏克蘭人心知加入歐盟遙遙無期，甚至即使到了俄國興兵入侵烏克蘭，歐盟一開始還是扭扭捏捏，表示雖願意讓烏克蘭加入，但需經正常流程。這樣的尷尬，在烏克蘭軍民展現英勇奮戰之後，情勢不變。

如今歐洲各國領袖絡繹不絕訪問烏克蘭，競相拉攏爭取，已經脫歐的英國首相強生閃電訪問基輔，而歐盟方面，不僅中東歐各國領袖陸續前往，歐盟執委會主席烏蘇拉・馮德萊恩更率歐盟外交高層來到基輔，致上極具象徵意義的烏克蘭入歐問卷，表達「烏克蘭正踏上入歐的前景」，預計六月就能獲得歐盟候選國資格。

於是，俄羅斯入侵烏克蘭，不僅軍事上失敗，損兵折將；外交上失敗，慘被全球制裁，拖累俄羅斯經濟瀕臨崩潰；更在戰略目標上徹底慘敗，適得其反，本來想阻止烏克蘭入歐，卻大大加速烏克蘭入歐。

這樣的結果，鼓勵了全世界爭取維護自由民主與主權，力抗強橫的國家，包括台灣：為自己奮戰，不僅包括軍備上的全面備戰，也包括國際外交戰場上積極宣揚台灣主權正常化，將得到國際支持。也同時警惕了所有暴力蠻橫的惡霸國家：武力威脅不僅無法達成目的，反而加速得到大相逕庭的結果。中國妄想武力犯台，只會讓台灣更快獲得國際承認，成為正常化國家。

二〇二二年四月十二日

美國力挺台灣，莫再跟中華勾勾纏

美國眾議院議長裴洛西原本預定訪台，不巧因確診無法成行，美國方面積極展現行動挺台灣，立即由葛瑞姆參議員籌組跨民主、共和兩黨，六位重量級參眾議員抵台訪問，六位議員分別參與預算、外交、國土安全、衛生教育勞工暨年金、財政、眾院「軍事」等重要委員會，象徵意義不言可喻。

此次六位參眾議員過去常連署國會友台議案與倡議，並有四位為「參院台灣連線」、眾院「國會台灣連線」成員，領團的葛瑞姆參議員為川普友人，曾力推F16軍售台灣，梅南德茲議員曾與參議員盧比歐共同提案，要將台灣駐美代表處由過去「駐美國台北經濟文化代表處」正名為「台灣代表處」。

美國兩黨安排如此豪華陣容訪台，正是傳達美國不分黨派，力挺台灣的決心。代表團中有推動台灣正名的梅南德茲。意在言外的是，美國希望傳達台灣就是台灣。葛瑞姆參議員訪台發言中也全數只以台灣稱呼台灣，完全沒有稱呼「中華民國（Republic of China）」。

事實上，這已成為美國對台政策的定案，友邦帛琉主辦第七屆「我們的海洋」大會，行前傳出美國要求不使用國號，被統派媒體曲解為美國打壓台灣，此洩密案使駐美代表蕭美琴大怒，但事實上，美國並未打壓台灣參與大會，台灣以台灣之名順利參與大會。美國真正的意思，是要台灣不要因為使用中華民國國號導致自稱是「China」，也就是美國力挺台灣以台灣之名在國際上行走，不要再用中華民國的幽靈空殼。

俄烏戰爭後，與俄國同流合汙的中國，勢必成為美國頭號清剿對象，而美國抗中的頭號盟友是台灣，當美國對國民宣傳「China」是俄國幫兇邪惡國家必須予以制裁，結果盟友卻是「Republic of China」，顯然會引起很大困惑，台灣最好就是台灣，不要再跟什麼中華牽扯不清。

其實，中國也不想台灣當中國，李明哲心向中國，想到中國推動民主化，結果二〇一七年遭以「顛覆國家政權罪」判刑關押五年到現在才釋放。對中共來說，中華民國早就滅亡，不該存在，免得被拿來「顛覆國家政權」，國民黨以為喊中華民國表示還心向中國，中共比較能接受，純屬一廂情願。台獨只影響台灣，中華民國會影響整個中國，對中共來說，台獨只是邊陲問題，中華民國才是心腹大患。

美國不要中華民國，中國也一樣不要中華民國，這個空殼一點用處都沒有，徒惹人討厭。葛瑞姆參議員發言時也提醒台灣人：美國都用台灣稱呼台灣了，但是台灣人要自己下定決心。

台灣自己不想改名，美國也不能強迫，台灣自己該好好思考，是否早該扔掉中華民國了。

二〇二二年四月十九日

日本《外交青書》力挺台灣

日本外務省（二〇二二年四月）二十二日發佈岸田文雄內閣上任後首份《外交青書》，即「外交藍皮書」，延續先前安倍內閣強力挺台立場，重申台灣是極為重要的夥伴，更大力支持台灣參與世界衛生大會，並首度言明當前局勢已經「進入美中競爭和國家競爭時代」，表示日美同盟比以往任何時候都要強大。

許多台灣人感激安倍晉三在位時大力推動支持台灣、力抗中國的全面性政策，配合川普的大包圍中國，使得日台關係前所未有的密切，但另一方面，也擔憂安倍因病辭任後，後續接班人是否繼續友台？尤其是岸田文雄過去曾有親中主張的紀錄。

正如拜登仍繼續川普大包圍中國的政策，日本的國家戰略也有固定的方向，不因政權的更迭而有所改變。對日本來說，中國不僅對日本懷抱歷史仇恨，更在南海與台灣海峽不斷挑起衝突，兩處都是日本貿易路線與能源輸入的重要命脈，有如遭匕首抵在喉嚨上，相對於爭奪北方四島的俄羅斯，中國更是日本首要威脅。

因此，日本多年來耗費鉅資，在東南亞、南亞與中國的「一帶一路」拚搏，成功的阻止了許多中國計畫，另一方面也結合強大盟國，與美國、澳洲、印度結為「四國對話」，共同強化印太地區牽制中國的力量。過去日本曾經在經貿上過度仰賴中國供應鏈、過度期待中國市場，近年來已積極退出。

過去日本在東北亞戰略上還有一個基本矛盾：要抗中還是抗俄？南北難以兼顧。不過，俄烏戰爭後，俄國軍事、經濟力量都必然重創，日本可望趁機解決長久以來的北方四島問題，在俄國未來不再成為威脅後，日本將更進一步走向全面抗中。

這就是日本外交藍皮書中，一方面聲討北方四島，一方面強調力挺台灣的基本戰略思維背景。台日兩國在防疫過程中彼此支持的深厚情誼，將是未來兩國持續並肩作戰的重要資產，而政府終於從善如流，跟隨國際，開放福島五縣食品進口，也搬開了貿易上的絆腳石，未來台日將在CPTPP之中共同努力，一起打拚經濟。

第一線抗中的台灣，必然是日本的當然夥伴。日本外交藍皮書中就強調，與台灣連接的島鏈，與那國島至石垣島，是日本的重要戰略關鍵，即明確顯示台灣與日本都是第一島鏈防衛線上休戚與共的關係。這再度印證了安倍所言：「台灣有事，就是日本有事。」

二〇二二年四月二十六日

防疫最後關頭，讓機長帶領大家安穩降落

隨著染疫確診人數破萬，台灣民眾對於疫情這新的一波變化，有些無所適從，快篩大排長龍，醫療院所也擠滿求診民眾，而部分媒體更唯恐天下不亂，大肆炒作少數案例，一時風聲鶴唳，突然間人人自危。

但是放眼世界，許多原本疫情遠比台灣嚴重的國家，都一一解除、放寬防疫措施，這是因為當前最流行的Omicron病毒株雖感染力強但致病力低，由於感染力強，封鎖清零的難度極高，但感染者大多無症狀或輕症，衡量利弊得失，世界不可能永遠處於封鎖狀態，必須回歸正常化。

以南韓為例，已將Covid-19傳染病等級降級，確診者不需隔離，醫師也不必立即回報確診，病患可直接到最近醫療院所就醫而不用到指定醫院隔離，政府也不再支付醫療費用，甚至解除了戶外需戴口罩的規定，只有五十人以上聚會尚需口罩。

新加坡觀光客離境不需要篩檢，（二〇二二年）四月二十六日起不再禁止十人以上集會，也不再需要保持一公尺社交距離，所有場所可使用百分之百的空間，疫情也不再做接觸調查，

餐飲業不再需要檢查客人施打疫苗狀況，僅除了五百人以上集會與舞廳以外。

在歐美國家，更已開始規劃疫情後的經濟需求，加拿大航空表示將大增航班，夏季將恢復到二〇一九年的八成運量，預計二〇二四年完全恢復，全球防疫管制措施即將全面告終，航空公司都開始積極擴大運量，賺回這兩年少掉的營收。

在全球都努力往正常化的潮流中，台灣本來是防疫冠軍，受疫情損害最小，本應可以最順利的恢復正常，如今面臨亂流，不是疫情本身艱困，而是政治上與心理上的問題，媒體與政治人物對防疫總是圍繞政治話題，當疫情穩定，使得防疫指揮官陳時中部長受到肯定，就到處喊著他要選台北市長，當疫情變化使人心惶惶，又說他民調下滑選不了台北市長。

其實，陳時中部長面對這樣的提問，每次回應，從來沒有變過，都是以控制疫情為重，沒有時間想選舉之事。近日行政院長蘇貞昌受訪，也同樣回答陳時中全心全力防疫，從沒有想選舉，「菩提本無樹，明鏡亦非台：本來無一物，何處惹塵埃。」防疫是人命關天的事，媒體就不要老是捕風捉影，製造無謂紛擾。

在全球即將回歸正常化的這個最後關頭，可說是防疫的最終階段，防疫有如飛航安全，起飛與降落最是關鍵，台灣在防疫初期的「起飛」階段，有羅一鈞醫師及早警覺，因此成功阻敵於境外，順利起飛後，在陳時中部長帶領下，一路飛行非常平穩，只偶有小小波折，因此成為全球防疫冠軍。

但航程到了最後，還是要看「降落」得好不好，相信所有人都不會認為，飛到快降落了，卻把機長換掉，會是個好主意。我們就別再老是問陳時中部長要不要選台北市長，讓這位老經驗的機長，帶領我們安穩的防疫「降落」，有始有終的完成他的任務吧！

二〇二二年五月三日

美國參眾兩院力挺「台灣」加入世衛大會

台灣在世界上醫療水準直追歐美，過去更有克服瘧疾、B型肝炎等重大公衛成就。在SARS時，台灣守住陣線使世界免受其害，這次COVID-19疫情，台灣更是全球防疫領先國家，然而，台灣卻因中國打壓，一直遭拒於世界衛生組織門外。

歷年來，台灣不論政府、民間不斷推動加入世界衛生組織，大體上僅有友邦發言力挺，二〇一七年後，甚至連世界衛生大會都不得其門而入，至今已連續五年未獲邀參與。如今，國際形勢悄悄轉變。

美國參議院外委會主席梅南德茲二〇二一年三月領銜提出法案，要求國務卿擬定策略協助台灣重新獲得世界衛生大會觀察員身分，二〇二一年八月六日獲參議院一致同意通過，二〇二二年四月二十七日，法案在眾議院以四二五票贊成、〇票反對的壓倒性票數過關，於五月三日送出國會遞交白宮。

美國對台灣的力挺過去往往僅止於國會，此次不同，美國國務院副國務卿麥肯伊會晤世界衛生組織秘書長譚德塞時，也當面呼籲讓台灣以觀察員身分參加世衛大會。

美國強力支持，激勵台灣人更積極爭取國際空間。五月七日，全球十二座城市的台灣僑民同步舉辦遊行挺台參加世衛大會，有波士頓、亞特蘭大、達拉斯、休士頓、鹽湖城、舊金山、洛杉磯、多倫多、巴西利亞等地，華府台灣僑胞也集結於美國國會前遊行，母親來自台灣的馬里蘭州參議員林力圖到場聲援。

美國力挺台重回世衛大會，讓台灣人欣喜萬分，但是，有一點需特別注意：不論是法案中，或是美國所有政治人物相關發言，力挺進入世衛大會的對象都是「台灣」，不是「中華民國（Republic of China）」，也不是「中華台北（Chinese Taipei）」。然而，我國政府在推動回到世衛大會時，是否又會打著中華民國的國號？

美國力挺台灣的原因很明確，那就是要圍堵中國的專制獨裁與侵略野心，不許中國荼毒周邊鄰國與印太地區。在這樣的基本國際形勢下，若我們還迷信中華民國的空殼，在國際上自稱「Republic of China」，到底是對抗「China」的最佳夥伴，還是「China」？顯然會讓歐美民眾搞糊塗。

帛琉召開「我們的海洋」大會時，美國希望我國以台灣名號出席，不要使用「中華民國」。加入世衛大會也是如此，美國大力支持，希望「台灣」能在國際上更有空間，是為了圍堵中國，但是如果我們卻打著「Republic of China」的名號，那美國豈不尷尬？

中華民國的空殼如今不僅無用，還反而有害，即使國內短期內無法修憲更改國號，但對外名稱應先正名為「台灣」，才符合國際期待與全球戰略的變遷。

二〇二二年五月十日

美國國務院鼓勵台灣勇敢表達心願

美國國務院在二〇二二年五月五日更新美國與台灣關係簡報，再度強調台灣是美國印太的關鍵夥伴，美台共享相同價值，也就是「民主自由與反共」，台、美間具有緊密的商貿與經濟連結。先前版本的文字敘述，稱美國「認知」（非「承認」）中國認為台灣是中國的一部分，以及稱美國不支持台灣獨立，這兩部分都已經刪除。

美國更表達，其所謂一個中國政策，遵循《台灣關係法》，之後才是所謂三大公報與六項保證。美國的微言大義，明確表達：世界上只有一個中國，就是中華人民共和國，台灣跟中國無關，台灣是台灣，美國與台灣的關係另外由《台灣關係法》決定。這就是美國當前的「一個中國」政策，或可簡單的說，就是一中一台。

過去美國因為國際戰略上的需求，冷戰時「聯中制蘇」，後冷戰時代面對賓拉登恐攻採「聯中制恐」，需要與中國虛以委蛇，所以有了所謂戰略模糊的一個中國政策，說「認知」到中國的立場，但是，美國從未正式承認中國的「認知」，就好比瘋狂影迷自稱是女明星的老公，旁人不想得罪他，就說我「認知」到你這樣想。

如今國際形勢不同，美國的戰略已進入下一階段，那就是大包圍中國，中國本身就是美國的最終假想敵，不再是拉攏來對抗共同敵人的可能合作對象，而台灣也從過去的曖昧，逐漸得到清晰的定位，也就是作為全球民主自由國家對抗專制中國的第一線，美國希望劃清敵我，台灣是台灣，中國是中國。

在國務院新版美台關係簡報的最後，表達美國持續鼓勵台海兩岸差異的「和平自決」，與「台灣人民的願望與最佳利益一致」。過去美國因為戰略需求敷衍中國，讓台灣妾身不明，搞不清楚是不是中國，如今美國希望台灣就是台灣，不是中國，但這也要台灣勇敢表達自身心願。

美國的態度轉變已經很明顯，台灣要如何回應？美國在國際上如今都希望台灣使用台灣之名，不要用中華民國國號，這並非打壓我國，而是要劃清台灣非中國。蔡英文總統主張台灣價值獲得八百一十七萬選票，如今正是彰顯台灣價值的最佳時刻，期望蔡總統領導台灣，勇敢向國際表現台灣人民的決心。

二〇二二年五月十七日

和統會恐怖攻擊只會更堅定台灣認同

二〇二二年五月十五日，美國加州爾灣台灣基督長老教會，租借橘郡拉古納林日內瓦長老會教堂，歡迎張宣信牧師自台灣赴美。當天中國統戰組織「中國和平統一促進會」拉斯維加斯分會理事周文偉，鬼鬼祟祟地來到現場，先以鐵鏈綑綁試圖封鎖出入口，之後進入教堂內持槍掃射。

周文偉攜帶大量武器，事先計畫，意圖造成大屠殺，美國法庭事後認定是泯滅人性的恐怖攻擊不予交保。所幸現場台灣人英勇奮戰，先有鄭達志醫師為保護教堂內所有人，挺身而出與歹徒搏鬥，因而身中三槍犧牲，緊接著張牧師以椅子砸中兇匪，教堂內眾人團結齊力制伏歹徒。

一場預謀大屠殺，因台灣人的勇氣、機智與團結，而將傷亡縮減為一死五傷，是不幸中的大幸。過去台灣人常常妄自菲薄，認為台灣人面對強橫時只會屈服等死，或是四散逃命，爾灣長老教會的眾人向世人證明，台灣人既能挺身而出，更能臨機應變，還能團結作戰。鄭醫師展現出台灣人捨己為人、勇敢抗暴的偉大情操，但其犧牲也令人悲痛。

兇嫌周文偉堅定自認為是中國人，犯案前將其犯案聲明〈滅獨天使日記〉寄給聯合報系的《世界日報》，其犯案動機就是反對台灣獨立，希望中國併吞台灣，其犯案目的非常明確，就是中國人預謀殘殺台灣人的種族屠殺，其手法如美國法庭認定，是恐怖攻擊。

美國面對恐怖攻擊，堅持不向恐怖份子妥協，更全力打擊、消滅恐怖組織。台灣也應如此。目前，和統會與相關組織人員，在台灣竟可光天化日下活動，實在荒謬；在悼念槍擊案中英勇犧牲的鄭達志醫師之餘，也呼籲政府，應立即清查台灣與和統會有關的各種團體和組織，以國安法等法律嚴格執法。

近來公廣集團發生許多混亂情況，這起不幸事件，後續也出現讓人不解的現象，公視「有話好說」談話節目中，談論拉古納林日內瓦長老會教堂槍擊案時，竟然標題稱兇嫌為「台裔槍手」，台灣人是受害人，竟然成了加害人，一樁中國謀殺台灣人的仇恨恐怖攻擊，被寫成台灣人內部問題，跟中共互相唱和，莫非是遭匪諜滲透？執政黨實在應該好好拴緊公廣集團的螺絲了。

二〇二二年五月二十四日

從《台灣關係法》看美國早已認定台灣是台灣

近來美國總統拜登公開宣示，若台海有事，會動用武力防衛台灣，相當於小布希在九一一事件前時曾說：若台海有事「我將履及」，可惜當年後續發生九一一事件，美國「聯中制恐」而改變國際戰略，使得陳水扁總統頓時成為「麻煩製造者」，這段過去讓許多台灣人對拜登的承諾既期待又怕受傷害。

稍後，美國國務卿布林肯重申：美國持續恪遵基於《台灣關係法》、「美中三公報」及「六項保證」的「一中政策」，反對任一方片面改變現狀，不支持台灣獨立。這樣的說法讓許多台灣人感到灰心，統派媒體更大作文章，將外交部長吳釗燮所言「維持現狀」「捍衛現狀」誤導為「台灣未尋求正式獨立」。

事實上，美國近來已經表達得很清楚，美國當前提到美國的「一中政策」永遠強調，並寫在最前面：「基於《台灣關係法》」，《台灣關係法》是在一九七九年，美國與中華民國斷交，終止所有正式關係，不承認中華民國的存在，當然也不再認為中華民國代表中國或擁有台灣之時，所提出的規範美國與台灣關係的根本法案。

《台灣關係法》通篇對象都是「台灣當局」，規定與台灣建立「事實上的外交關係」，之前與中華民國簽署的《中美共同防禦條約》遭廢除失效，其邏輯非常明確：台灣是台灣，不是中國，中國是中華人民共和國，是共產陣營，是美國要幫助台灣防禦的對象，所以「中」美要怎麼共同防禦？

自從廢除《中美共同防禦條約》改用《台灣關係法》起，在美國的認定中，早就「台灣是台灣，中國是中國」，台灣實質主權獨立，不屬於中國。美國反對改變現狀，就是反對中國侵害台灣的獨立主權。

所謂獨立，是先遭別人統治，才有從其下獨立與否的問題，美國認定台灣跟中國互不隸屬，本來就是實質主權獨立的國家，所以沒有所謂支持台灣獨立，否則台灣得先被中國吞併，才有所謂從中國獨立；這呼應了過去李登輝總統曾說，台灣是主權獨立的國家，但是國際地位不正常，目標是要完成國家正常化。

台灣人也應體會美國的明確宣示，勿隨統媒起舞，以為美國不捍衛台灣主權的獨立。美國只是認定為台灣已經獨立而已。在此也向外交部長建言：所謂「維持現狀」絕對不是「中華民國」，美國認定的現狀是台灣，勿再給統媒可乘之機，製造美國的困擾。

二〇二二年五月三十一日

美國雖不讓台灣孤軍奮戰，台灣自己要能戰

在美國總統拜登宣示防衛台灣後，蔡英文總統於二〇二一年五月三十一日接見提出《台灣夥伴法案》的美國參議員達克沃絲，她更進一步透露美國正規畫國民兵與台灣軍方合作，由於達克沃絲隨行人員中就有美國國民兵「州合作夥伴計畫」主任，她並在稍後拜會行政院長蘇貞昌時明確表達，「美國與台灣站在一起，不會讓台灣孤軍奮戰」。

美國防衛台灣的決心已經顯露無遺，統派媒體只能在所謂美國「不支持台獨」之上大作文章，但事實上美國自《台灣關係法》就已經認定台灣是「台灣當局」，主權實質獨立不屬於中國，沒有所謂自中國獨立問題。

國人對美國挺台態度總是處於「猜心」，既期待又怕受傷害，其實，要確保美國繼續長久的力挺台灣，真正有效的辦法，並不是每天對著美國玩猜猜看，而是自立自強，向美國展現自我防衛的決心，美國自然更願意保衛台灣。

如今世人都認為美國對以色列有求必應，但並非最初就是如此，一九四九至一九六九年，以色列得到美國經濟及軍事援助總計僅僅十四・八八億美元，一九七〇年代援助爆增至一百六

十三・一億美元，一九八〇年代再增至兩百八十億五千萬美元。其中最重要的原因，就是以色列本身在一九六七年六日戰爭、一九七三年贖罪日戰爭，展現鋼鐵般捍衛國家意志，才讓美國刮目相看、全力相挺。

台灣不需要像以色列，經歷差點亡國的贖罪日戰爭，才得到美國的青睞，而是在承平狀態就有了美國防衛的承諾。事實上，俄烏戰爭初期，美國多個航空母艦戰鬥群不是在西半球，反而是在印太巡弋，盯住中國不許其蠢動，已經以實際行動證明美國對台灣安全的重視。

但是，台灣仍要再接再厲，讓美國感到台灣是個可支持的對象，蔡英文政府逐步提升國防預算，目前提升至GDP百分之二以上，也研擬恢復兵役役期長度，這是一個起步，後續國軍仍需更多提升戰力的改革，民間也應配合，並藉由與美國國民兵合作的機會，吸收美國國民兵的經驗，提升尚武精神。

只要台灣人民持續展現捍衛國家主權的決心，美國對台灣的支持必然歷久不衰。不需揣度美國心意，只要自問我們是否團結一心，堅決守護台灣。

二〇二二年六月七日

向前看，防疫不要還在打上一場仗

在人類歷史上，大多數的傳染病都會隨著病原的傳播，漸漸朝著致病力降低、傳染力上升的方向前進。西班牙流感當年並沒有疫苗和特效藥，因一戰才剛結束，全球也沒有像樣的防疫阻絕措施，但是流行兩年左右，疫情自然消失，但病毒並不可能神秘消失，只是演化出致病力低、傳染力高的病毒株，取代了最初的病毒株，最後感染造成的重症死亡人數減少到人們不在意的程度。

流感病毒目前仍每年季節性傳染，據疾病管制局與美國NIH跨國合作研究，台灣每年估計約有四千五百人死於流感，相較於當前Omicron的致死率，其實是同一級別，但是我們並不會為了流感大費周章、全面性規範社會的所有活動。

台灣的防疫在最先，因羅一鈞醫師的警覺，提早開始提防，阻敵於境外。第一步阻絕成功，染疫人數少，而能徹底追查確保清零，這是台灣防疫領先全球的主因。

初期病毒株傳染力較低，但致病力較強，全面防堵使得台灣成為一片淨土，但是當病毒在全球演化為傳染力高，也就更不容易防堵。致病力低，因此防堵的社會成本相對更不划算，加上台灣已爭取到普遍施打疫苗的時間，如今，該是往前看，回歸國際社會的時候。

或許因為先前的防疫太成功，或許因為擔憂一次開放民眾無法接受的政治考量，台灣現在卻還在打上一場戰爭。無論是火化風波，還是急診規範造成阻塞，都是清零戰略時代的嚴格規範，在當時是正確，但在已經決定要走向開放時，就造成無數麻煩。

防疫指揮官陳時中每天為了公關危機處理忙得昏頭轉向，最終自己也成為公關危機來源，例如稱1922問題時是外包，雖然的確是如此，但民眾撥打1922是渴望政府負責，給予民眾錯誤的期待，卻又明說是外包，讓民眾覺得像是拿到「安慰劑」。

歐美多國目前幾乎已解除所有防疫措施，像是大型運動賽事、英國女王即位七十周年慶大典，全場都無人戴口罩；台灣領先世界是為了更快與世界合流，因此現在該重新加入世界，不要為了政治考量開放一半反而陷入尷尬，政府應向人民誠懇的說明，重新調整醫療與防疫資源，專注於中重症，相信人民能夠接受。

畢竟，防疫還有下一場戰爭要打，如澳洲流感大增，新加坡也燃起登革熱，現在該是提防下一個疫情的時候了。

二〇二二年六月十四日

電視台切勿不自覺成為中國傳聲筒

二〇二二年六月十日，美國國防部長奧斯丁與中國國防部長魏鳳和，在新加坡「香格里拉對話」前進行會談，太平洋兩岸的國防部長會談不可避免地引起全世界矚目，國內各大媒體也紛紛報導，然而，令人不解的是，台灣各電視台，不論藍綠，甚至是國家媒體的公廣集團，對會談內容的報導，卻都只引用中國方面的說法。

中、美之間的會談內容，顯然是以英語進行，會後所有英文資料，除了會談中，雙方的確聚焦於台灣，此外還討論北韓與俄烏戰爭問題。然而，談到台灣時，美國是強調不允許中國單方面改變現況，以及提出美中雙方應有「危機溝通與危機管理」機制，而中方對此提議也表贊成。

所謂建立危機溝通與危機管理機制，是假想敵對的雙方，為了避免意外擦槍走火，因此建立正規或非正規的危機溝通管道。在冷戰時期，最高層級的危機溝通管道也就是所謂的「熱線」。當發生緊張事件時，危機溝通確認對方的意圖，到底是真挑釁，還是只是意外，以利雙方進行危機管理，其根本作用，就是避免不小心開戰。

美國與中國談建立危機溝通管道，基本作用是為了避免不必要戰爭，結果會後中國自行發表聲明時，卻說會談內容是「不惜一戰」，顯然牛頭不對馬嘴。長期觀察中國的學者專家都知道，這是中國慣用的手法，利用中國人民英文程度低下，無視在國際上用英文講的內容，在中文發表時以完全不同的內容進行「大內宣」。

台灣電視台的英文能力應該不差，以媒體的專業，應該要從原文來報導，而非只是照搬中國大內宣的說法，然而台灣的電視台不知是懶惰還是無能，竟然全數只用中國會後的說詞，形同成為中國的官媒，成為中國傳聲筒而不自知。最終，主要電視台僅有「民視」察覺這個問題，緊急更正，其他台都如在夢中。

中國對外英文講一套，對內中文講一套，這明明就是中國研究者的常識，任何報導應該以第一手原文為準，明明就是電視台的基本職業道德，台灣的電視台自棄專業，不顧職業道德，到底怎麼了呢？希望媒體人能好好檢討，勿再便宜行事，當了中國的共犯還不自知。

二〇二二年六月二十一日

加入CPTPP尚未成功，台灣需先改變貿易心態

日本為了對抗中國推動的RECP，積極拉攏印太各國加入「跨太平洋夥伴全面進步協定（CPTPP）」，更包括印太以外的英國，台灣目前也正在申請中，這將是台灣打入國際貿易的一大關鍵，不過，在爭取加入CPTPP推動貿易之前，台灣要爭取世界的支持與認同，對世界貿易的態度與想法，可能需要一點點改變。

過去世界各國認為「中國市場大，台灣市場小」，往往對中國不合理的威脅讓步，成為欺壓台灣的幫兇。隨著中國經濟趨緩、貨幣危機，以及中美貿易戰、中澳貿易戰，這個現象開始有了微妙轉變，先前台灣於卡達足球世界盃又遭列為中國的一省，經抗議後，主辦單位從善如流，將台灣正名為台灣。顯示中國市場在國際上吸引力已經下降，欺壓台灣的能力也跟著減弱。

國際上的發言權，其實與進口市場規模有關。台灣過去總是以賺取外匯為貿易唯一想法，不過如今外匯存底已經相當足夠，還繼續大量出超激增外匯，造成台幣升值壓力，反使出口廠商競爭力下降，若央行出手壓低匯率，又會遭貿易夥伴指控為匯率控制國。出口導向政策造成內需萎縮，則讓台灣市場在國際上被忽略。

近來中國與澳洲挑起貿易戰打壓澳洲紅酒，使每年市場大減至僅剩二億澳幣，澳洲葡萄酒管理局因此關閉中國辦公室。兩億澳幣相當於約八十幾億台幣，約等於台灣目前紅酒市場規模，台灣目前紅酒消費還有相當大增長潛力，如果台灣人認真買澳洲紅酒，再配合相關稅制鬆綁，市場可望數倍增，以後澳洲重視台灣市場重於中國市場，並非不可能。

出口導向政策總是喜歡對進口品課重稅，認為國民都不要消費舶來品最好，以汽車而言，台灣買車比國外更貴，而且配備還往往落後，對國民相當不公平。現在的台灣需要改為貿易平衡的概念，應鼓勵國民多消費進口商品、擴大內需市場，出口賺取的外匯用來提升國民的生活品質與素養，不造成升值壓力，出口會更順利，國際也會更重視台灣市場，更不會忽視台灣。

區域貿易協定的加入與否，操之在人，但貿易還有許多可操之在己的部分，先改變心態，將台灣市場做大，美國三億人口可以為世界市場，誰說台灣市場一定只能小呢？

二〇二二年六月二十八日

震驚不捨之餘，為安倍延續台日情誼

（二〇二二年七月）八日傳來舉世震驚的消息，台灣的友人、日本前首相安倍晉三，在為大選於奈良演講時，遭喪心病狂的歹徒近距離槍殺，不幸身亡，不僅日本舉國震撼，台灣同感哀戚，世界各國也沸沸揚揚。

世人如此關注此事，正體現了安倍對世界多麼重要。安倍晉三的家學淵源是出身日本最優秀穩健的政治世家，史稱「一門三相」，即外祖父岸信介，外叔祖父佐藤榮作，以及安倍晉三本人。岸家入贅於佐藤家，但岸信介為二子過繼回本家，因此岸信介、佐藤榮作兄弟兩人不同姓。安倍晉三之弟現任防衛大臣岸信夫，則過繼回岸家，因此兄弟倆再度不同姓。

安倍晉三這一門，也是日本最反共抗中親台的政治系譜，岸信介不惜與日本左派對決以修訂《美日安保條約》，也是首位任內訪問台灣的日本首相，與台灣成立反共聯盟發表「日台共同聲明」，更力挺台灣民主運動，曾拒絕蔣介石引渡台灣獨立運動重要領袖許世楷的要求。

在安倍晉三之前，佐藤榮作是日本戰後任期最長的首相，主導日本進入「伊奘諾景氣」，推動與韓國關係正常化以聯合民主陣營反共，當時美國尼克森政府正積極推動與中國建交，佐藤榮作卻多次拒絕中國訪日，堅決支持台灣，並成為最後一位任內訪問台灣的首相。

安倍晉三不僅傳承家族重任，也是李登輝先生的傳人，與李登輝先生相知相惜，視其為導師。當安倍第一任期因病卸任後訪台，李登輝先生婉言「日本政治能夠託付的領袖，除你之外別無他人」鼓勵安倍再創巔峰，安倍果然不負所望再任首相。

安倍任內明確定位台灣「台灣是日本的朋友」、「台灣與我們有共同的基本價值觀，是重要的夥伴與友人」，卸任後，更有「台灣有事，就是日本有事」名言。如今以六十七之齡，還大有可為，卻因兇徒殘暴而離世，讓人驚駭憤怒與無比惋惜。

暴力雖然可以奪走安倍晉三，但是奪不走他與台灣和日本人民共同建立的深遠綿長情感，在悼念之餘，也要自詡：人人都是李總統與安倍的傳人，要讓台灣與日本的緊密交誼，不論政府或民間，不論戰略或經貿，穩固增長、日新又新。

二〇二二年七月九日

裴洛西揭穿了中國「國王的新衣」

美國眾議院議長，也是資深反共鬥士裴洛西，提出可能於亞洲之行訪台，在美國政壇引起一陣旋風，而中國則崩潰叫囂，使台灣民心大為振奮，雖然裴洛西最終是否訪台仍諱莫如深，台灣人民也既期待又怕受傷害。不過，光是裴洛西提出訪台主張，其實已將台灣主權彰顯於全世界。

此次裴洛西提出訪台，不僅美國政界風起雲湧，全球媒體也全面關注，包括平常較少參與印太戰略的歐陸國家，均全面重視。

在美國，同為民主黨，裴洛西的道德勇氣，與拜登扭扭捏捏，形成了巨大的反差和對比。拜登以怕事為由發言反對裴洛西訪台，卻又不敢直接向裴洛西提出不要訪台，表示必須尊重國會、尊重民主。兩人的表現，很明顯的對照出：力挺台灣才是符合美國價值的正義，「戰略模糊」已經過時，只會讓主張者進退兩難，陷入尷尬。

裴洛西推動訪問台灣之行更獲得共和黨的普遍反響，前眾議院議長金瑞契舉出本身曾於一九九七年眾議院議長任內訪問台灣、會見李登輝總統；而參議院共和黨領袖麥康奈此次更是義正詞嚴地強調：若裴洛西因為中國恐嚇拜登就取消訪台，等於讓中共獲勝。

歐巴馬曾經鬧出口誤將台灣與泰國搞混的事件，這雖然是偶發意外，但在過去，許多一般美國人或許真的知道泰國多於台灣。隨著川普政府以來的力挺台灣，以及近來的半導體供應問題，如今台灣已經常常見於美國媒體報導。此次裴洛西提出訪台，更是把台灣置於美國媒體焦點的中心，讓美國人對台灣問題的瞭解大幅提升。

另一方面，裴洛西讓中國瘋狂跳腳，中國的反應本身，就已經揭穿了中國長久以來「國王的新衣」自欺欺人的對台主張。中國總是向國際宣稱台灣是中國的一部分，若真是如此，中國不想讓裴洛西來台，只要拒絕入境即可，事實上卻只能大呼小叫，就向國際社會明白證明：台灣是主權獨立的國家。

裴洛西能不能訪台，真正決定入境與否，主動權在裴洛西，而出入境管理主權是在於台灣，中國無力阻止，只能不斷威脅、不斷崩潰，自我揭穿國王的新衣。事實上，中國的威脅也是自曝其短，美國應對裴洛西可能訪台，做軍事調查與兵棋推演，認為中國當前並沒有進犯台灣的準備。

裴洛西若訪台，台灣人民竭誠歡迎，但若此次未能訪台，也無需喪氣，不論裴洛西此次來台與否，她拋出訪台的議題，就已經讓台灣在國際上邁出一大步。

二〇二二年八月二日

給曹興誠一個喝采

美國眾議院議長裴洛西歷史性訪台，戳破中國的國王新衣，中共跳腳瘋狂叫囂之餘，面對中國國內民眾質疑與抨擊聲浪，為了挽回習近平的顏面，竟然侵犯台灣經濟海域、領海，環繞台灣進行飛彈試射，軍機軍艦擾台，讓台灣的血性男兒都為之憤慨。

就在這個同仇敵愾的時刻，聯電榮譽董事長曹興誠發聲，抨擊中共破壞區域和平穩定，呼籲團結，更以身作則，慨捐三十億元資助國防投資。

曹興誠大動作擁護台灣，使人欽佩、感動，尤其是曹興誠出生於北京，祖籍中國山東，血緣上是所謂外省人，二〇一一年時又入籍新加坡，國籍上已不是台灣人。他的行動表明：愛台護台，不在於祖先何人、出生何地，國籍登記也非絕對，而是在於一顆認同台灣、愛護台灣摯誠的心。

美國獨立的開國元勳之中，撰寫美國獨立是《常識》的派恩，於獨立戰爭爆發前兩年才剛從英國搬到殖民地，可說是徹徹底底的英國人，但是他仍然是美國獨立的重大推手，因而列名美國開國先賢前列。由派恩的例子就可知道，英國人成為美國人一點都不是問題。

美國開國先賢之首，喬治華盛頓，在獨立戰爭前原本是大英國主義者，不僅擁有純正英國血統，認同上也非常熱愛英國文化：住家建成完全英式風格、農莊引進當時英國農業技術、生活用品都要一一從英國進口、藏書也都是倫敦出版，與人打招呼時總是用英式鞠躬而非美式握手。

在獨立戰爭之初，華盛頓已經獲選擔任大陸軍的統帥，卻還表示並不想脫離英國，表達只是希望「維持現狀」保持自治。但是，也同名喬治的英國國王，卻惡狠狠地發表「反分裂」的〈鎮壓造反與叛亂宣言〉，指華盛頓等領導殖民地抗爭者都是陰謀顛覆分裂國家想要成立「美國帝國」，要徹底殲滅。

宣言文本傳來美洲，殖民地人群情激憤，本來熱愛英國的華盛頓，一怒之下告訴他的秘書：要是英國這麼蠻不講理，那麼他「決心斷絕與如此不公不義、不合天理的國家之間的任何關係」，從這天開始，華盛頓從一個大英國主義者，轉變成為美國獨立的元勳之首。

曹興誠過去曾經較為認同中國，也喜愛中國文化，政治立場上曾經很「藍」，後來又拋棄台灣而入籍新加坡，他或許不是根源純粹的台灣人，但就像派恩、華盛頓，當中國無理欺凌台灣，他的血性讓他成為了徹頭徹尾的台灣人。在此，讓我們向曹興誠致謝與喝采，也祝福台灣的未來。

二〇二二年八月六日

夏立言作怪，源自「中華民國」空殼

正當中國文攻武嚇升級，軍機軍艦不斷擾台之際，國民黨竟派夏立言前往中國輸誠，甚至再度高喊史實上根本不存在共識的所謂「九二共識」，引起軒然大波之餘，夏立言竟稱「沒有違反憲法」。

國民黨這種說詞實屬可笑，憲法上規定的是人民的自由與權利，以及政府基本架構，並沒有規定內亂、外患罪，那是寫在刑法之中，所以內亂、通匪這些罪大惡極的行為，嚴格來說是沒有違反憲法，只是違反刑法。然而，夏立言這種拿《中華民國憲法》作為託辭的狡辯，也不得不讓我們正視這個名不正言不順的憲法問題。

當前的《中華民國憲法》源自蔣介石在中國的國民政府一九四六年於南京召開制憲大會產生，然而，通過那一天起，從來沒有實際施行過，因為次年中國就爆發國共內戰，國民政府頒布《動員戡亂完成憲政實施綱要》進入動員戡亂，一九四八年公佈《動員戡亂時期臨時條款》凍結憲法。

國共戰爭在國民黨幾場大敗後蔣介石下野，國民政府旋即覆滅，這時下野的蔣介石以個人關係調度親信部隊，遷移滅亡前的中華民國國民政府資源，轉移到台灣，宣稱「復行視事」，也把一整本《中華民國憲法》的廢紙帶來台灣，仍沒有一天施行過，因為實際上政府是照著《動員戡亂時期臨時條款》運作。

直到李登輝先生開啟民主化，一九九一年宣告終止動員戡亂，要回歸憲法運作，這時就出現嚴重問題，因為《中華民國憲法》是已經滅亡的中國國民政府的亡魂憲法，卻硬拿來加諸在台灣身上，根本無法運作，因此李登輝先生主導一九九二年修憲，此後經數度修憲，制定並施行《中華民國憲法增修條文》，增修條文才是台灣政府目前運作的真正憲法。

當年顧及國內外形勢，李登輝先生委曲求全，雖然明明是為台灣制憲，卻選擇了掩耳盜鈴的稱之為《中華民國憲法增修條文》，借用中華民國的亡靈，作為盛裝台灣國家體制的空殼，這有其歷史背景。然而，這層空殼的存在，讓台灣在國際上尷尬，而夏立言等人也藉此作怪。

我們享受李登輝先生的寧靜革命奇蹟，也要負起責任完成他未竟之志，積極將這層空殼除去，讓台灣成為正常化的國家。如今蔡英文總統第二任期，正是推動此歷史性任務的最佳時機，若總統認為國體大事不能乾綱獨斷，可仿效李登輝先生時代，召開國是會議，由各界民意來支持，相信必能奠定蔡英文總統的歷史定位。

二〇二二年八月二十三日

媒體應盡第四權責任，而不是帶頭捕風捉影

民進黨桃園市候選人臨陣換將，正當新候選人鄭運鵬立足未穩，前台鹽董事長鄭寶清積極發聲爭取機會，這場政治大戲全國關注，媒體從中想報導內幕無可厚非，但是，所謂民眾知的權利，應該是要讓民眾更了解候選人，不管是政策主張、團隊水準，或是個人人格，而非捏造所謂黨政內幕。

即使是候選人花邊緋聞，或許都還有一丁點正面作用，因為可能有人認為可以藉此更瞭解候選人，但是純粹捕風捉影，無中生有，就只是浪費社會資源，媒體盡第四權責任，應該是調查謠言，打破謠言，而不是帶頭製造謠言。

近來有網路媒體無端影射副總統賴清德介入桃園選情，賴清德身為民進黨選對會一員，若要介入選情，在選對會上直接討論即可，民進黨早已發出聲明，證明賴清德於選對會上與其他成員一致決議提名鄭運鵬，即使明明事實如此，有心人還是故意含沙射影，暗指賴清德支持不同人選，使得賴清德副總統辦公室不得不發表聲明，還原當天會議上發言：「目前情勢複雜，也是全黨最需要團結的時刻，全力支持共同的決定。」

就筆者聽聞當日會議情況，也正是如此，賴清德認為，黨更換候選人非同小可，值此緊要關頭，選對會應表達一致性決議，因此與其他成員全體共同作相同的提名。

執政黨或是政治人物不是不能批評，若是媒體要抨擊執政黨決策結果，也是言論自由，但是號稱內幕，捏造不存在的事實，所編造的故事跟最終選對會決策也無關，這種「報導」到底有何存在意義？不應只為了吸引流量，就無端生事，製造社會無謂紛擾。期待媒體能以盡職的第四權為目標，做該做的事。

二〇二二年八月二十五日

在台灣落地生根，就是台灣人

新加坡總理李顯龍在國慶日演講提醒新加坡人華裔族群要「落地生根」，不是「落葉歸根」，對照台灣部分人士還有大中國情結，李顯龍對新加坡部分華裔人士認同錯亂的憂心忡忡，讓我們感同身受。其實，不用到李顯龍，早在其父——新加坡的開國者李光耀，在建國之初，就曾說明「我不是中國人，就如甘迺迪總統不是個愛爾蘭人。」

甘迺迪家族是在一八四九年才來到美國，距離約翰甘迺迪當上美國總統，僅僅短短一百一十二年，但沒有任何一個甘迺迪家族成員會自認不是美國人、認同愛爾蘭，正如同李光耀於新加坡建國時開宗明義訓示：「我們有中國人的血統，我們不否認這點；但重要的是，我們以新加坡的立場思考，關心新加坡的權益，而不是以中國人的立場，為中國人的權益著想。」

李光耀從建國開始，就在新加坡「落地生根」，其精神傳承到李顯龍，處處以新加坡為主，打造一個國富民強的國家，不僅從地理上自馬來西亞獨立，在心理上也自荒謬的大中國思想獨立，這是新加坡能成功立國，甚至經濟發展水準高，成為世人豔羨之處的主要原因。

事實上，全人類本來就都是落地生根，若一定要追溯先祖，目前科學上最確定的一件事是，所有人類，不管是中國人、台灣人、新加坡人，都源於東非大裂谷，現在屬於肯亞，也就是全人類都成了肯亞人，豈不荒謬。美國獨立之前兩年，湯瑪斯派恩才剛從英格蘭遷居到紐約，但是在美國獨立戰爭中，他就已經落地生根，提倡獨立是《常識》，其主張膾炙人口，而名列美國開國先賢的前列。

新加坡是移民社會，當英國初於新加坡建立統治時，只有相當少的人口，如今的新加坡人不論舊到新來，不論是源於泉漳潮廣，還是來自馬來西亞、印度，都是移民，也都落地生根，若是每個人都沒有《常識》，老是有「落葉歸根」的妄想，新加坡一定四分五裂，這也是李顯龍之所以諄諄提醒的原因。

台灣也相同，即使原住民，最初也是漂洋過海抵達，之後各個族群，不論先來後到，都在此落地生根，不管是戰後抵達的新移民，或是通婚歸化的新住民，只要來到台灣，都是台灣人，同舟一命，禍福與共，也都應該彼此扶持，團結抵抗最大威脅。若真的想「落葉歸根」，就到肯亞去吧！

二〇二二年八月三十日

有錢出錢有力出力，共建全民國防

觀諸世界歷史，不論是美國、瑞士、荷蘭的獨立，都是仰賴人民保鄉衛土抵禦外侮的戰力，這也是為何美國憲法保障擁槍權，以及瑞士男性服兵役至退伍都佩槍，許多人甚至放在家中。這些國家的成功建國與發展強大，到最近烏克蘭抵抗俄國入侵的戰例，在在提醒我們全民國防概念的重要性。

曹興誠董事長登高一呼，慨捐三十億，其中十億，分別由范疇先生、黑熊學院，負責執行推廣全民國防。個人擔任福和會理事長，本會長期關注並推動全民國防的觀念，二〇二二年甫於一月十五日舉行「二〇二二青年國家安全論壇」，范疇亦為當天座談主持人，如今欣聞曹董與范疇的合作，全力支持之餘，也與有榮焉。

論壇當日與會來賓還有明居正教授、駭客協會理事王仁甫、軍事媒體人吳明杰，以及各軍種退役將官張延廷、劉慶元、余基宗、楊于勝。與會者共識認為，為了維持國家安全，應對民眾施與充足的軍事教育，國家安全建立於日常訓練、充分備戰，「勿恃敵之不來」，妄想討好敵人並不會得到和平。

許多人對范疇主導的「神射手」計畫有諸多質疑，認為預算不足以訓練三十萬名「狙擊手」，但他已經說明，神射手並非要成為狙擊手等級，而是指步兵班中的精確射手。其實，全民國防也並不需要三十萬人中人人成為精確射手，要保鄉衛土，大部分人能熟悉槍枝操作、保養，在交戰距離有平均的射擊準度，在戰場上已經足夠。

射擊本身之外，要在戰場上派上用場，還必須了解基本戰術運動，在城鎮戰各種不同地形需如何因應等等，這部分還可以使用模擬槍進行訓練。但是，純粹的射擊能力訓練，別無訣竅，就是勤打靶，而這就需要政府進一步開放靶場讓人民使用，甚至開放民間可經營靶場，為此政府需盡快評估並建立相關管理法規，在此也呼籲政府相關單位打鐵趁熱，在曹興誠激起人民熱烈迴響時，積極推動。

台灣必須向全世界傳達我們自我防衛的決心，發展全民國防是其中之一，在軍事制度上，應恢復「徵、募並行制」的役期至合理的長度、採購新式裝備汰換老舊裝備，與革新組織的軍事改革措施，都是刻不容緩。期待曹興誠能激發全民的防衛意志，有錢的出錢，有力的出力，政府也全力推動，一同展現保衛台灣的決心。

二〇二二年九月六日

《台灣政策法案》給台灣人自決的啟示

美國參議院外交委員會於二〇二二年九月二十日展開，會議中，十七票贊成、五票反對，高票通過《台灣政策法案》，此次法案立法過程中，拜登政府也相當重視，提出意見，經行政立法折衝後，法案與最初方案作出略為修改，這個修改過程，可以視為如今參議院外交委員會出爐的版本，是符合拜登政府的意志，也是美國朝野兩黨共同的共識，預期接下來的立法流程均能順利通過，只需要運作時間。

《台灣政策法案》一出，國內統派勢力立即傾巢而出，加以抹黑詆毀，有的以故意翻譯錯誤試圖欺騙台灣大眾，有的曲解美國防衛台灣的用意，或試圖推稱只是國會推出非美國政府意志。無論這些謬論如何自欺欺人，都無法改變美國早已決定的既定戰略。

法案規定美國國防部以「拒止戰略」為前提，每年提出台灣防禦報告。「拒止」與「嚇阻」有根本上的不同，嚇阻是在心理上讓敵人不敢行動，拒止更進一步，是不管敵人的意願如何，在實力上就讓敵人完全無法達成目標，只能打退堂鼓。

美國近年來對台灣防止戰爭的策略，早已轉向拒止，此次法案中提出，只是將既定策略寫定為法律文字。在拒止策略下，美國將不斷協助台灣提升自我防衛能力，法案規定無償軍援，助台灣發展不對稱戰力，並提升台灣國際地位，用意都是讓中國越來越難威脅台灣，最終只能放棄。這也是拜登前後共計四次強調美國將出兵捍衛台灣的原因。

拜登先前於日本曾宣示出兵保衛台灣，當時還被曲解為失言，但後續繼續多次相同發言，是有意明確宣示拒止政策，並非「意外」，最近一次為十五日拜登於《六十分鐘》接受專訪，主持人提問：「當中國入侵台灣，美軍男男女女是否會保衛台灣？」時，拜登堅定回答：「是。」

美國從俄烏戰爭的爆發過程已了解到，明確拒止，才是最徹底能避免戰爭維護和平的方式，對於中國的蠢動，不再採取過去的戰略模糊，而是要清楚地讓中國明白只要妄動美國必定出兵。當然，台灣也要自立自強，在美國軍援下，更積極強化本身作戰能力，並努力提升國際地位。

媒體引用該專訪時，將拜登發言曲解為不支持台獨，其實，拜登是稱「台灣要對自身獨立性做出自身判斷」，基於民族自決原則，台灣獨立仍是要台灣人明確表達意願，不是美國可以代勞，這也是尊重台灣人民。現在，台灣人則應思考：是該展現獨立意志的時候了。

二〇二二年九月二十日

用台灣之名，走進國際組織

第七十七屆聯合國大會於二〇二二年九月十三日開幕，大會開幕前，十數個海外台灣人組織向聯合國秘書長致送連署信，陳述聯合國將台灣兩千三百五十萬人排除在外的不合情理。個人甫獲選為台灣聯合國協進會理事長，也以台灣聯合國協進會名義致信聯合國，訴求台灣人民應有以台灣之名加入聯合國的天賦人權。

過去台灣政府歷年來發動友邦聲援台灣入聯，但是名義都是「中華民國」，以中華民國的名義進行所謂入聯，其實是自陷於中國代表權之爭，是要用中華民國取代中華人民共和國的中國代表權，先不論中國當然反對，就算成功，變成台灣代表中國，等於把台灣變成中國，身分嚴重錯亂。

二次世界大戰結束後，美蘇兩強籌組聯合國，為了互相制衡以及擴大代表性，找了國力已大不如前的英國、從德國附庸恥辱中才剛復國的法國，以及對日戰爭中一度瀕臨滅亡，只靠美國撐腰才存活的蔣介石中國國民政府，成為擁有否決權的「五常」。

不料，戰後國民政府隨即在國共內戰中潰敗，蔣介石下野，李宗仁接任後旋即滅亡。蔣介石軍事集團私自調度資源來到佔領控制的台灣，自稱是代表中國的中華民國，就這樣繼續在聯合國擁有中國的席位。直到一九七一年，聯大第二七五八號決議判定蔣介石無法代表中國，中共取得中國代表權，就是所謂遭「逐出聯合國」，但這是蔣介石被逐出，以台灣來說，是根本從未加入過聯合國。

過去，中國不斷謊稱台灣是中國的一部分，國民黨政權也隔海峽相應和，美國冷戰期間採「聯中制蘇」戰略，使得美國對這個問題採取模糊態度。如今國際戰略形勢已經改變，美國主要戰略改為大包圍中國，台灣也經歷了民主化，成為真正人民作主的國家，美國的態度也就轉向清晰。

聯大二七五八號決議五十年週年前夕，美國國務院亞太副助卿華自強罕見公開批評中國「誤用」決議，導致台灣長年被聯合國排除。此舉明確宣示：美國認定台灣不屬於中國，聯大二七五八號決議，只與中國有關，與台灣從來沒有關係。

美國參議院外交委員會通過《二〇二二台灣政策法》，開宗明義就說此法是為了保衛「台灣的安全與自決的權利」，美國支持台灣的身分地位與未來應以台灣人民自決決定，而非中國可以說三道四。台灣人也應該展現自決的決心，爭取用台灣之名加入聯合國，以及其他所有國際組織，不要再用自欺欺人的「中華民國」了。

二〇二二年九月二十七日

未雨綢繆，加速引進國際人才

國發會每兩年進行未來約五十年人口推估，近年來的推估顯示勞動年齡人口大減，估計未來短缺勞動力高達四十萬人。為此，政府推動強化人口及移民，政策上轉往積極延攬外國專業人才、擴大吸引及留用僑外生、積極留用外國技術人力的方向。

過去台灣勞動政策可說相當排外，不僅對底層外勞外傭有限額等重重限制、僑外學生畢業後就要趕回本國，即使是中高階技術人才，雇用上也有諸多障礙，讓企業主與有心來台人才為之氣結，如今政府要往積極開放方向，全民應共同予以支持鼓勵。

台灣的勞動力情況近年來已經相當緊張，一例一休政策更加劇人力緊缺問題，疫情期間餐飲旅館業受創，暫時沒有顯現缺人，但營造業出現大缺工，不僅使得重大基礎建設工程延誤、預算激增，房屋建造成本飆漲更讓房價只漲難跌。不僅營造業，普遍的製造業，也不只傳統產業，就是電子業也早就普遍有人才不足問題。

更嚴峻的情勢是，在全球疫後經濟復甦下，都出現大缺工現象，美國在疫情期間就出現大離職潮，加拿大職缺超過百萬無人填補，澳洲未來五年短缺土木工程、主廚、幼托員工，為此，各國都祭出積極開放、吸引措施：紐西蘭暫時鬆綁移民規定以於二〇二三年吸引一萬兩千勞工填補勞動缺口、澳洲增加永住移民上限至十九萬五千人、日本岸田首相也尋求居留權政策改革以吸引外籍人才。

台灣人印象中認為，許多馬來西亞華僑想來台打拚，如今馬來西亞嚴重缺工仰賴印勞，先前因為與印尼之間有勞權爭議，造成嚴重危機，雖然與印尼談判後恢復印勞，但是勞工仍然嚴重短缺，因此打破過去的代理機制，直接與孟加拉政府談政府對政府合作引進萬名孟加拉勞工。過去台灣人認為「泰勞」的勞力供給來源泰國，已經短缺十萬勞工，越南也同樣勞力緊缺。

台灣以前對外勞外傭視若洪水猛獸，認為會「搶台灣人工作」，其實這個想法根本上違反基本經濟常識，引進生產力只會創造更多工作。正如有大量中南部人來台北工作，使得台北經濟體量大、企業尋才容易更願意在台北經營，結果台北反而工作機會最多。

為了更深入探討台灣當前的勞動力困境，福和會十月二十二日舉辦「福和會二〇二二勞動力論壇」，但這個重要議題，不只是靠單一論壇，而是需要全民持續共同關心，以及政府的長遠規劃支持，讓台灣成為一個開放自由永續發展的經濟體。

二〇二二年十月四日

台灣人應有真正的台灣國慶

蔡英文總統在二〇二二年雙十「國慶」，先是主視覺與文案均稱為「台灣國慶日」，演講中則代表國人大聲的說出「我是台灣人」。吾人熟知蔡英文總統處事謹慎為務，能如此彰顯台灣已經是很大進步，在此也先給予總統支持與鼓勵。

或許政治是妥協的藝術，但是有時妥協的結果讓人尷尬。馬英九抨擊「十月十日是中華民國的國慶」，其實認知完全錯誤，十月十日的來由是國民黨黨國神話，將武昌起義認定為中華民國的創建，實際上，武昌起義當天沒有任何政府組織創建，十一日占領漢陽，十二日占領漢口，這才成立湖北軍政府。

湖北軍政府正式名稱「中華民國軍政府鄂軍都督府」，字面上是有中華民國出現，但僅有單單湖北，各省陸續響應起義，各自成立獨立政府，之後才派代表至南京展開會議，一九一二年一月一日成立中華民國南京臨時政府。

這個臨時政府，令不出總統府，各省各行其是，全無實際作用，參與的省份也僅有華中華南，直到與袁世凱南北議和，逼迫清帝退位，袁世凱於三月十日宣誓就職，才真正創建中華民國。

過去每年國民黨總要上演一場形式與文字的鬧劇，把雙十掛上青天白日滿地紅旗，這是歷史大笑話，湖北軍政府旗幟是鐵血十八星旗，南京臨時政府與袁世凱都採用五色旗，當時青天白日滿地紅旗僅是海軍旗。

這整場鬧劇，都與台灣毫無關聯，因為當時台灣還在日本統治下，與中國沒有一絲瓜葛。所以，或許馬英九的批評有部分有理，那就是以十月十日來當「台灣國慶日」實在不倫不類，這是一個編寫拙劣的假想傳說故事，與台灣一點關係都沒有。

台灣應該有自己真正的國慶日，或許會在國家正常化真正建國的那一天，若現在非得找個日期出來，那麼也有很多選擇。

若要追求所謂的藍綠最大公約數，那麼蔣介石於台灣宣布「復行視事」的三月一日，是「中華民國在台灣」的開始，雖然那是外來政權；若從台灣人實際當家作主，那麼李登輝先生推動一九九四年七月二十八日修憲為總統直選，可以是值得慶祝的日子。

十月十日這個歷史笑話，往年台灣人譏為「中華民國冥誕」，實際上這個日子什麼都不是。台灣人值得擁有真正的台灣國慶日，可惜蔡英文總統在第二任期的最後一年，沒能跨出這歷史性的一步，展望未來，希望能有具備歷史精神的領袖，能為台灣人找一個恰當的國家誕辰。

二〇二二年十月十一日

延長兵役回到有效長度是當務之急

國防部預計年底前公布兵役延長訊息，引起國內政界與輿論相當多討論，適逢選舉，藍營藉機恐嚇年輕選民、多方批評，部分綠營政治人物也跟著起舞。事實上，當前兵役長度的確不足以建構有效防衛戰力，延長兵役回到有效長度是當務之急。

有些年輕人可能認為當兵就是摺棉被、掃地、刺槍術，對戰力毫無幫助，所以反對延長，但這是因噎廢食。台灣應該構建有效提升戰力的義務役軍力，而要達成這個目標，延長役期到最低限度的有效長度是必要的，服役的內容當然也要改革，但不能因為目前尚未改革完成就認為不要當兵。

其實，目前當兵無效用的本身，也與役期過短有關，僅僅四個月的時間，只相當於夏令營，時間過短無法完成任何有意義的訓練，所以軍方安排敷衍了事。

過去當兵抱怨新訓只在摺棉被、喊口令，但是遍觀歐美日先進國家的軍事訓練，美軍訓練同樣也要求摺棉被，這是為了鍛鍊紀律與軍事服從，不是摺棉被就毫無意義，以往台灣兵役新訓三個月，專精訓練三個月，之後才下部隊鍛鍊實務，已經去了半年，以最基礎的專業部隊砲兵而言，砲班要熟悉操作一門砲，以國軍教程大約下部隊要一年時間，若時間低於此限，戰力極為堪憂。

以往反對義務役還有經濟上的主張，稱兵役佔據青年寶貴時間，減損國家社會生產力，但是，當前台灣即使已面臨嚴重少子化，青年失業率仍然飆高且普遍低薪，也就是青年在社會上並沒有發揮生產力。

兵役其實能解決青年就業問題，從以色列經驗，由於精實訓練，青年在軍中結識原本不可能認識的人脈，有共患難的信任，且在軍中專業兵種學到在學校所沒有接觸過的專業，因此學習到各領域相關先進科技，退伍後成為創業夥伴，造就以色列成為創新之國。許多知名以色列新創事業，創辦人與創始員工往往都有兵役的人脈和淵源。

延長兵役除了上述軍事、經濟上的實際作用，更重要的是，台灣要向盟友國家展示自我防衛的決心，自助而後才有人助，如果台灣人自己都不願意服兵役為自己而戰，美國人、日本人為何要為台灣作戰呢？

延長兵役回到應有長度，是當務之急，也勢在必行，如今政府願意推動，不分朝野黨派，都應該予以支持，畢竟，覆巢之下無完卵，戰火來臨時造成死傷是不分政治立場的。

二〇二二年十月十八日

台灣與中國一邊一國，兩岸互不隸屬

中國二十大最後一幕，習近平粗暴的將胡錦濤架走，使得全世界對中國的野蠻與惡霸大為震驚，如果連親手交接政權的對象都慘遭如此對待，所有人都應深刻覺悟，中國所做的任何承諾都毫無可信度可言。

二十大政治報告上習近平宣稱「解決台灣問題是中國人自己的事，要由中國人來決定」，對此，我們要嚴正向國際說明：台灣不是問題，中國才是問題，台灣從來都是台灣自己的事，由台灣人來決定。

古東亞中原各王朝留下的紀錄，都認為台灣是「外夷」，頂多只有澎湖遭納入版圖，宋、元、明初台灣稱為「琉球國」或「瑠求」，元朝汪大淵《島夷誌略》中敘述為「海外諸國，蓋由此始」，《元史》將「瑠求」列在〈外夷傳〉，明朝沈有容想追擊前往台灣的倭寇，遭質疑「非我版圖」，而當荷蘭人前來澎湖設立據點遭沈有容驅逐時，沈有容竟然好心的建議荷蘭人改往台灣，當然也是因為「台灣自古不屬中國」。

鄭氏逐走荷蘭人，結束台灣的荷蘭時代，「建國東寧，別立乾坤」，滿清與鄭經談判書信中仍認為「台灣本非中國版籍」，最終施琅攻台後上〈恭陳台灣棄留疏〉建議滿清管理台灣，滿清才如雍正追述康熙：「台灣地方自古不屬中國，我皇考聖略神威，取入版圖。」但也僅有西半部部分。

滿清算是中國嗎？孫文認為需要「驅逐韃虜，恢復中華」顯然認為滿人韃虜並非中華。無論如何，古代中原王朝都是自認統治天下的天朝，完全沒有現代「人民、領土、主權」國家觀念，中國成為一個近現代國家的開始是在於中華民國的成立。

《馬關條約》之後滿清將台灣永久割讓給日本，近代中國也就是中華民國建立時，與台灣無關；中華民國滅亡，現代中國也就是中華人民共和國建立時，也與台灣無關。

所以台灣從來不關中國的事，台灣沒有什麼問題，有問題的是中國，明明不擁有台灣，卻妄想靠言語霸凌就可以把台灣說成自己的，在國際上處處打壓台灣，使台灣成為不正常國家，還狂妄的聲稱不放棄武力侵略台灣。

不只台灣，中國四處挑起邊界與海域衝突，以卑鄙手法在貿易中不當得利、侵占與偷竊世界各國智慧財產。中國才是世界的大問題，「解決中國問題，由台灣與全世界所有有智慧的國家共同決定」，那就是，「如果中國不改過向善，就要予以圍堵懲治」，至於台灣的未來，只有台灣人有權決定。

二〇二二年十月二十五日

台灣有以待之，始能無懼大敵當前

拿破崙曾說戰爭三要素就是「錢、錢、錢」，打仗需要錢，尤其是戰爭高度科技化的現代，就算是號稱「不對稱」的無人機，最便宜的由土耳其拜卡公司所生產，一架也需要百萬美元，不論國防要如何改革，沒錢是萬萬不能，台灣當前國防預算佔國民生產毛額僅超過百分之二；相對的，以色列面對伊斯蘭諸國，遠比台灣面對中國的威脅更小，但是以色列卻編列百分之五・六國民生產毛額的國防預算，台灣要能抗衡中國，最起碼也要與以色列看齊。

編列倍增的國防預算，當然會有預算排擠，台灣人民與政治人物都要想清楚輕重緩急，一個面對瘋狂強鄰威脅的國家，提倡長照、健保要納入更多照顧弱勢等等主張，實在並非最優先事項。台灣必須把資源投入在投資青壯年、投資創新、投資最有競爭力的強勢產業，而非整天高喊福利國家、照顧弱勢。若是戰備不足，誘使狂人掀起戰端，弱勢在戰火中都是即刻犧牲，不論如何照顧都失去意義。

國家整體經濟規模更大、財政能力更好，也就更能負擔軍事預算，因此，經濟發展優先是無庸置疑的方向。所謂環保議題不能無限上綱，當然，國土不能隨意汙染，但是不能允許假環保為名的反開發主義。例如：若是為了保護藻礁而反對國家戰略所需的重要能源建設，因而削弱了國力，其結果是誘使中國侵台，戰爭是最不環保的事，砲火下滿目瘡痍，藻礁灰飛煙滅。

作戰之前，要有完善的後勤，更需充分的情報，才能克敵機先。有充足的國防經費為基底，進行國防全面改革，不論是購買、研發製造生產軍事裝備，或是改善軍人待遇、以及提升訓練水準，打造一支符合現代台灣防衛作戰所需的戰力，並且發展民防，軍民密切合作。另一方面，也編列充足的情報預算，重新整頓目前混亂衰敗且有認同問題的情報單位後，擴大發展為能徹底掌握敵情的有效情報體系。

但作戰仍需要人，有錢固然可請外籍傭兵，但是其戰鬥意志總是遠遠不如保衛自身家鄉的本國人，因此，少子化是嚴重的國安問題，面對這樣的困境，短中期對策，必須立刻恢復徵兵制的有效役期，一方面藉由延長役期時間補足每年出生數上的不足，如此也才能向盟邦證明台灣人民有保衛自己的決心。

長期的對策，仍必須要重振家庭價值。沒有戰爭威脅的西歐國家，可以提倡不受家庭義務束縛，人人自由自在，但台灣不同，若遭中國侵略，還談什麼自由？生養下一代就是沉重的責任，無法自由自在，國民必須共同擔起這個重擔，揚棄「做愛不作戰」的幼稚想法。

在實際戰術武器方面，烏克蘭戰爭證明，單兵防空武器、單兵反戰車武器、無人機、飛彈等等「蜂螯勝過大象」，已是新世紀戰爭主流。台灣要發展大艦巨砲力有未逮，但科技水準與經濟力上要發展上述武器綽綽有餘。時代對台灣有利，全球戰略對台灣有利，只要台灣人下定決心，想清楚國政方向，即刻開始努力，台灣一定能做到讓中國不敢妄想攻打台灣。

二〇二二年十一月八日

紀念真正對台醫療發展有貢獻者，才是醫師節真義

過去每年十一月十二日，在黨國時代都是紀念所謂的「國父誕辰紀念日」，很少人提及同日也被定為醫師節，如今台灣已民主化、本土化，罕有人提起根本與當前台灣無關的孫文的所謂「國父誕辰」，但適逢選舉，部分政黨與候選人為了表達對醫師的敬意，還是舉辦慶祝醫師節活動。

重視醫師是好事，但是這個醫師節的日子，卻成了一大諷刺，因為這個日子是中華民國在中國的國民政府時代，為了歌頌孫文，聲稱孫文是最偉大的醫師，特地用孫文的生日來當作醫師節。

事實上，孫文畢業後僅僅從醫兩年多，就因謀劃廣州起義洩密而一事未成即逃亡海外，如何能代表醫師？更別說孫文畢生事蹟也與台灣幾無關係，僅有為了惠州起義來台試圖出賣廈門給日本以交換日本支持，卻遭日本趕走，乘橫濱丸號自基隆離開。

之所以用孫文生日來當醫師節，完全是黨國時代為了塑造「國父」神話以及大中國認同的操作，如今本土政權執政，卻還使用這個日期，可說相當突兀，多年來已經有無數醫界人士呼籲應予更改，在此也再度請政府從善如流，應擬定新的、有意義的日期。

台灣開始有現代醫學，是馬雅各醫師最早來台，而接續長期深耕、看病、研究的，是同為蘇格蘭人的萬巴德醫師，他於台灣的醫學研究享譽全球，許多發現均以萬氏為名，也讓許多醫學名詞掛上了福爾摩沙之名，他著有《萬氏熱帶疾病》，現今仍是研究熱帶醫學必備教科書，與其共同研究瘧疾的羅納德羅斯醫師更因而獲得諾貝爾醫學獎。

若要論孫文，孫文就讀的香港華人西醫書院，正是萬巴德所創立，孫文所謂倫敦蒙難，稱是康德黎拯救，其實康德黎是轉請當時創辦倫敦熱帶醫學校的萬巴德動用其政治關係來救援。若要兼顧國內少數還認同孫文的民眾，萬巴德當是最理想的選項之一。

醫師節的可能選項，還有紀念馬偕創建馬偕醫院前身滬尾偕醫館的日子。或是後藤新平於台灣民政長官任內，將台灣病院院內的醫學講習所升格為台灣總督府醫學校，也就是如今台大醫學院的前身，創立台灣人接受現代醫學教育、養成醫師之處，升格的日期足堪紀念。也有許多人認為可紀念創辦高雄醫學院的杜聰明醫師。

無論如何，台灣醫界人才濟濟，歷史上足堪紀念的人士與日子相當多，該是時候，慎重選擇一個真正對台灣醫學貢獻卓著的醫師，做為醫師節的紀念代表，如此，才是真正的重視醫師。莫再於每年醫師節，還讓本土、民主價值與醫師們尷尬了。

二〇二二年十一月十五日

與國際接軌，別再用尷尬的民國紀年

二〇二二年亞太經濟合作經濟領袖會議甫結束，二〇二二年蔡英文總統派出摯友、「護國神山」台積電創辦人張忠謀擔任領袖代表，席間與美國副總統賀錦麗會談，圓滿達成任務，在此先對總統與張代表致上敬意。然而，總統府發表的官方新聞，卻再次凸顯出台灣的一個荒謬且尷尬的現象。

總統府網站新聞標題「2022 APEC張領袖代表國際記者會」的下方，日期卻是「中華民國一一一年十一月二十日」，全台灣人民二〇二二年在政府單位洽公，或是在許多民間機構如銀行，每天同樣面對這個「二二」跟「一一一」的換算，只因為我國政府仍一味堅持民國紀年。

過去黨國時代國民黨一再強調所創造出來的所謂「國父」孫文革命的道統，以孫文為國民黨創造者與「總理」，來合理化國民黨的統治正當性，所以堅持民國紀年，但如今台灣已民主化、本土政權執政，還繼續如此，就相當不合理。

即使我們勉強接受政府還頂著中華民國的空殼運作，民國紀年在數字上也有邏輯矛盾之處，蔡英文總統於國慶演講指出中華民國台灣七十二年，但是該活動名稱卻是「中華民國中樞暨各界慶祝一一一年國慶大會」，到底是七十二還是一百一十一？

實際上，一九一二年成立的中華民國，國旗是五色旗，領土沒有台灣，更早已是歷史陳跡，北洋政府滅亡於蔣介石的北伐，張學良投降東北「易幟」，也就是從五色旗改成蔣介石的青天白日滿地紅旗，代表主權的更迭。蔣介石建立中華民國在中國的國民政府，成立時統治範圍仍然不包括台灣，這個國民政府又於一九四九年滅亡。

蔡英文總統稱七十二年，就是只計算蔣介石灰頭土臉逃來台灣重起爐灶的年份，雖然蔣介石仍把國家名稱叫做中華民國，也繼續使用青天白日滿地紅旗，但這個中華民國台灣，領土、人民、主權，整個政府結構，都與國民政府極大不同，國民政府只是鬆散的軍閥共治平台，蔣介石在台灣才建立能控制到最基層的極權政府。

其實七十二年的說法也有爭議，畢竟台灣經過李登輝先生的寧靜革命，已經摧毀極權專制，重新建立為一個民主國家，雖然未經歷翻天覆地的大變動，但李登輝先生修憲，貨真價實是滅亡極權黨國，重新建立新國家的過程。

台灣早就和國民政府是兩回事，更別說五色旗中華民國，還堅持採用以五色旗中華民國為基礎的紀年，是自己把台灣綁在中國，自認是只有中國的五色旗中華民國，難怪中共老是聲稱台灣是中國領土的一部分。這也不僅是政治上與象徵意義上的問題，日常生活上也造成許多困擾，老是要做無謂的年份換算，台灣是國際化的貿易國家，總是要以西元和全球打交道，拜託就別再用民國紀年了吧！

二〇二二年十一月二十二日

烏魯木齊惡火恐成為現代版「保路運動」

中國在共產黨極權統治下，對消息高度管制，過去其實中國各地有相當多萬人規模抗爭甚至暴動事件，但外界都只能聽聞傳言，唯有香港身為對外窗口，抗爭才能為世人所知。如今，烏魯木齊一把惡火，卻燒出全中國遍地抗爭，而且消息封鎖管制失敗，抗爭消息不斷「翻牆」傳遞出來。

無獨有偶，另一個專制極權國家，也是中國的盟友伊朗，也正發生全國大抗爭。中國大抗爭的引爆點是烏魯木齊，本是不被重視的邊遠地區；伊朗大抗爭的引爆點是一名庫德族女性，本是伊朗受到打壓的少數族群，但是卻都引起了全國同仇敵愾，不是因為引爆點本身受人重視，而都是因為人民對專制的忍耐已經到了極限。

此次中國大抗爭，中國人民喊出美國獨立運動前期，開國先賢之一派翠克亨利的名言「不自由，毋寧死！」但實際上中國人的處境遠比不自由更慘烈，烏魯木齊大樓火災因堅持封控讓中國人驚覺，反對極權政府固然死路一條，但是端坐家中也一樣要遭活活燒死，既然橫豎都是死，與其跪著死，不如站著把命拚了。

極權政府對人民最大的恐嚇威懾能力就是奪取生命，但是當人民生不如死，橫豎都是死，那麼極權的控制力就會失效，正如《老子》所述：「民不畏死，奈何以死懼之。」多數台灣人對中國此次全國抗爭採隔岸觀火的態度，然而，此次台灣與全球能接收到如此多抗爭消息，反映的情勢非比尋常，顯示中國的高壓控制力量已經瀕臨臨界點，很可能演變為現代版的「保路運動」。

滿清末年，推動鐵路國有化，川漢鐵路遭虧空，股權權益該如何認定，政府與人民發生爭執，民眾本來只想以和平方式「文明保路」，卻遭滿清強力鎮壓，群情激憤，演變為各地暴動，滿清為此調派湖北新軍前往四川鎮壓，使得武昌空虛，引發武昌起義，華中、華南各省紛紛宣布獨立，最終滿清政權倒台。

台灣必須密切觀察如今的事態，因為這場大抗爭，很可能如「保路運動」般再度觸發中國政權的崩潰，幸運的話或許能成為中國民主化的契機，但不幸的話可能引發中國內亂甚至內戰，使全球供應鏈大亂，湧出數以萬計的難民，甚至造成戰爭外溢。無論如何，都會對台灣發生相當大的影響。

台灣人民的敵人是霸凌台灣的中共政權，不是追求民主自由的中國人民，站在普世價值的立場，我們與全球民主國家共同支持中國人民爭取人權與民主，在此同時，對中國的情勢，也要與美日印澳英等盟國一同密切觀察，未雨綢繆，發生任何事態時都能立即與盟國共同行動、審慎應對。

二〇二二年十一月二十九日

一特別收錄一 國土規劃不宜躁進，縣市合併宜三思

驚濤駭浪的四大公投才剛結束，雖然民意守護了台灣的前途，然而，四案中最低的票差僅十六萬八千票，最多也只有四十五萬八千票差，實在不能說是執政黨大獲全勝，若說要乘勝追擊，也應是推動對台灣可長可久，維護貿易命脈的重要措施，例如盡快開放日本食品進口以利加入CPTPP。

然而，行政院長以下，對開放日本食品仍然諱莫如深，反倒是呼應地方諸侯在公投後立即躁動，鼓吹新竹縣市合併。反對黨原本在公投中全軍覆沒，卻又由執政黨親自授予攻擊的把柄。

過去陳菊曾經因為縣市合併，使連任次數歸零，總計擔任三屆高雄市長，然而，當年高雄縣市合併早就在討論，陳菊也只做了一任，並非連任到不能再選才突然提出。如今將屆二〇二二年選舉，提出要縣市合併，難免引起不好的聯想。

四大公投是反對黨對台灣前途的嚴重挑戰，總統、副總統以下，均全力以赴，然而，全國雖然獲勝，與大潭電廠供電竹科息息相關的第三天然氣接收站第二十案，竹科所在的新竹市卻是輸了一萬兩千兩百票，大潭電廠所在的桃園市，則大輸近五萬票，是民進黨執政縣市中表現

最差者。

在保國衛民的公投死戰中，雖有地方執政優勢卻無力守護台灣，無法向選區內產業說明第三天然氣接收站的重要性，也無力說明斷絕美國貿易將對桃竹產業經濟造成致命的影響，如今應該是虛心檢討、好好穩固執政成績的時候，實在不宜還對國土規劃發表意見，侵害總統職權。

台灣地方縣市的確區分過多，以大方向來說，是應規劃合併，相信這是蔡英文總統之所以發表文告支持的原因，然而國家制度應是全國性的擬出未來久遠的計畫，而非選舉前臨時改制。

尤其，過去執政五年並未提出地方制度的檢討，如今突然稱竹竹合併是為了電子業基地完整所以需納入竹北，但苗栗的竹南科學園區卻不用包括進去？竹竹人口一百零二萬八千，未達升級所需的一百二十五萬，反之彰化縣人口剛好高於一百二十五萬，也喊出升級，若是彰化單獨升級，那又對縣市區分過多的問題有何改善？

人民才與民進黨同甘共苦於公投中艱辛獲勝，人民的奮鬥是為了台灣貿易根基的百年基業，希望總統能衡量輕重緩急，以CPTPP為最優先，國土規劃不能急於一時，應從長計議，指導百年基業的地方分區重新規劃，切勿選前急就章，以免欲速則不達。

※未刊稿，撰於二〇二二年十一月至十二月間

—特別收錄— 縣市首長提名亂象，陷總統於不義

民進黨此次縣市首長提名作業，其中六都部分，二〇二一年即通過特別條例，六都直轄市長參選人選均由黨主席徵召提名，初選是黨內民主的重要象徵，停辦使總統蒙受相當議論，如此進行，應對勝選有其重要作用，唯提名作業至今，卻越來越讓人疑惑。

最初僅規定六都均徵召，最終只剩下屏東、澎湖舉辦初選，屏東的初選過程黑影幢幢，撕裂情況非常嚴重，甚至牽連到蔡英文總統，若說不辦初選是為了避免撕裂，那麼為何選擇撕裂最嚴重的屏東縣舉辦初選？

不辦初選的另一理由，是為了讓候選人與黨的輔選團隊能提早開始準備進入狀況，結果，雖未舉行初選，提名作業卻還是一再延後，台北、新北拖到七月才提名，離選舉僅剩四個多月，硬是把大選選成僅有補選的準備時間。

桃園提名林智堅，如今深陷論文風波，自認為最大政績的新竹棒球場，一開幕就使得立法院副院長兼任中華職棒會長的蔡其昌宣布延賽，讓總統顏面無光，更迫使執政黨全黨都在做危機處理。

其實，執政黨早就應該檢討林智堅，捍衛台灣價值最重要的四大公投，蔡英文總統力主「四個不同意」，但林智堅執政兩任的新竹市，竟然是開出四個均是同意大於不同意，全軍覆沒，林智堅連任時得票增加十萬七千票，公投不同意票卻只開出七萬票上下，這代表林智堅未盡力捍衛台灣價值。

這樣的人選，接著竟還犯民意的大不韙，臨到任滿才想主張縣市合併，讓人民聯想為意圖繼續選第三任，牽連全黨受到民意強力抨擊才作罷。連續傷害台灣民主與民進黨的公信力，竟還成為桃園市長候選人？

四大公投在桃園市也是一樣全軍覆沒，第三接收站議題，桃園還是地主，本應該特別努力，鄭文燦連任時以過半的百分之五十三點四六的選票當選，遠勝國民黨對手百分之十四，得票五十五萬兩千票，公投時卻只催出三十五萬不同意票，事後還大言不慚辯稱是選民結構問題，說是只差百分之五。

治國最終還是信賞必罰，對台灣、對蔡英文總統最重要的四大公投，不用心而落敗者，竟然沒有懲罰，還能步步高升，使親痛仇快。

總統到了第二任期，黨內勢力難免開始蠢蠢欲動，要在新的時代卡位，為了自身的未來利益交換，造成許多亂象，蔡英文總統國務繁忙之際，或許也要多加留心：身邊一些核心黨政人士自命為英系，但真的有在為蔡英文總統設想嗎？總統以黨主席身分，也必須適當介入，勿再讓有心人陷總統於不義。

※未刊稿，撰於二〇二二年十一月至十二月間

特別收錄　民進黨敗勿氣餒，深自檢討重新站穩腳步

二〇二二年地方選舉，民進黨僅得五縣市，蔡英文總統承認敗選，立即承擔責任請辭黨主席，為責任政治做出示範。地方選舉落敗，並非世界末日，檢討後重新出發，仍能贏回台灣人民的信任與支持。

此次敗選最大關鍵可說是新竹、桃園，林智堅深陷論文風波最終退選，造成全黨陣腳大亂。其實，民進黨早就應該檢討林智堅、鄭文燦。捍衛台灣價值的四大公投，蔡英文總統力主「四個不同意」，林智堅連任時得票十萬七千票，公投不同意票卻只開出七萬票上下，鄭文燦連任時獲五十五萬兩千票的過半選票，公投時卻只催出三十五萬不同意票，事後還大言不慚辯稱是選民結構問題。

對台灣、對蔡英文總統最重要的四大公投，不盡力捍衛台灣價值的敗軍之將，竟然沒有懲罰、不需反省，還能在黨內呼風喚雨，要求指定接班、參選，導致最終全盤皆墨，實不意外。

台北市長的提名，陳時中擔任防疫指揮官重任，防疫已到最後關頭，本應繼續鎮守，可由早已表達意願的林佳龍來出戰，卻迷信所謂聲量，讓陳時中成為「落跑指揮官」參選，形象破

滅，原本準備台北的林佳龍則擠到新北，雙雙落敗。實在並非台灣選民不願支持抗中保台，而是本身過度選舉操作造成反效果。

治國最終還是信賞必罰，林智堅、鄭文燦過去對台灣雖有貢獻，但是公投、地方選舉兩度敗戰，黨主席都引咎辭職，戰敗主因豈能不沉潛深自反省？堅持違背黨內民主前例，陷蔡英文總統於不義的一眾幕僚，也應負起相對應責任。

選舉已經結束，追悔並無太大意義，但來者可追，在這樣的關頭，接手的黨主席人選至關緊要，過去蔡英文總統曾在民進黨分崩離析失去信心時，重振旗鼓重新邁向執政，如今因敗選擔負責任請辭黨主席，但重振民進黨的重要任務必須交接下去。

新任黨主席必須讓人民感受到民進黨有反省革新的強烈意願，蔡英文總統尚有領導國家的重要任務，需專注於政務，執政與輔選團隊都不宜再介入黨內；此次選民已經表達對沒收初選「喬」式政治的不滿，黨主席產生方式不能又是「喬」，須盡早推出聲望、形象、歷練最佳，能給予選民大破大立印象，彌補此次全黨受創支持度的人選，請蔡英文總統予以提攜，黨內同志同心輔佐。

只要民進黨聆聽民心、再度與人民站在一起，一定仍是人民心中的最佳選擇。

※未刊稿，撰於二〇二二年十一月至十二月間

美法總統首度聯合聲明保台，具劃時代意義

法國總統馬克宏（二〇二二年）十一月二十九日訪美與美國總統拜登雙邊會談，發表美法聯合聲明，內容涵蓋全球主要安全問題，其中，美法表達合作因應中國對國際秩序帶來的挑戰，兩位總統並特別強調，維持台灣海峽安全與穩定的重要性。這是法國總統首度與美國總統對台灣發表聯合聲明，具有劃時代的象徵意義，美法如此重視台灣安全，外交部對此也表示歡迎與感謝。

但是，這並不是馬克宏對於國際事務一貫的態度，眾所周知，俄烏戰爭之前，馬克宏醉心於穿梭俄烏之間，認為他以花蝴蝶般的身態，憑著三寸不爛之舌，就能將戰爭消弭於無形。馬克宏信心滿滿，卻不知俄羅斯只是利用他來作為國際認知作戰的一環，降低歐美的戒心，馬克宏渾然不覺，直到戰爭前夕都還認為俄國絕對不會開戰，俄國就趁著歐洲國家掉以輕心發動突擊攻勢。

戰爭開打後，馬克宏成為國際笑柄，飽受烏克蘭抨擊，他穿梭國際自以為外交手段就能解決問題的身態，更成為一個動詞，歐洲人要空言者「別再馬克宏了」，馬克宏很快改變自己的

態度，積極軍援烏克蘭，挽回一些顏面，但隨著戰事拖長，馬克宏又故態復萌，滿心認為憑著空言談判可以結束戰爭，於是公開發言稱：歐美應該考慮俄羅斯對安全保障的需求，以利與俄國談判停火。此言一出，再次引起烏克蘭及波羅的海國家盛怒。

從馬克宏對烏克蘭的發言，可知馬克宏對烏克蘭戰爭的態度，總是認為烏克蘭「可割可棄」，然而馬克宏對台灣安全的態度卻截然不同，與美國共同明確宣示必須要維持台灣海峽安全與穩定，而非發表類似對烏克蘭戰爭的種種姑息、妥協主義言論。

這不是馬克宏突然轉性，畢竟他才剛提出「俄羅斯安全保障需求」論點；他同時強調捍衛台灣，是顯示台灣在全球戰略的重要性、優先度遠高於烏克蘭，因此老是想在烏克蘭戰爭上妥協的馬克宏，在台灣問題上卻是穩穩的捍衛台灣。美國亦同，拜登身為民主黨，但抗中保台的政策，絲毫不遜色於川普，因為這是戰略上的必要。

在當前歐美以中國為最大假想敵的情況下，台灣的戰略地位無可拋棄，不能也不可能拋棄，台灣人當對盟友的支援有信心，不必懷疑全球對抗中國保護台灣的決心。同時，台灣也要回應盟友的支持，持續強化戰備，提升國防，作為印太抗中的民主堡壘。

二〇二二年十二月六日

世界盃缺席，台灣應從根基做起

本屆卡達世界盃出現許多令人津津樂道的黑馬崛起、以弱勝強賽事，包括日本隊於小組賽先後力克兩大歐洲足球強國德國、西班牙，沙烏地阿拉伯於小組賽打敗擁有超級球星梅西的阿根廷，以及摩洛哥一路過關斬將成為首個進入四強的非洲國家，這些勝利都獲得全球關注，為母國不僅帶來賽事上的榮耀，其國際宣傳效果價值更是難以估計。

台灣受美國影響，主要運動賽事是棒球與籃球，儘管台灣也深受日本影響，但相對於日本有足球聯盟，台灣足球風氣卻一直有如荒漠。

若是純粹論國民的運動與健康，每種球都一樣好，不過台灣還需要在國際上爭取關注與支持，發展的運動項目就必須思考宣傳與經濟效益。若論全球關注程度，足球遠遠勝過籃球、棒球，全世界運動產業足球約佔百分之四十三，其次為美式足球百分之十四，籃球僅為第三，佔百分之六。

台灣在國際戰略上，實在應該積極發展足球，但許多人對此往往提出失敗主義論點，不論是人口、財力，或是說社會風氣問題。但這些都不成藉口。

台灣兩千三百萬人口，與摩洛哥三千七百萬人口，屬於同一量級；世界盃上屆亞軍克羅埃西亞，人口僅不到四百萬人；南美傳統足球強國之一的烏拉圭，人口僅約三百五十萬人；在本屆世界盃會外賽擊敗傳統足球強權義大利，使得義大利竟然無法出賽世界盃的北馬其頓，人口更僅約兩百萬人。

若論財力，台灣的人均ＧＤＰ是摩洛哥十倍以上，是克羅埃西亞兩倍左右，更別說克羅埃西亞一九九五年才打完獨立戰爭，克羅埃西亞國家隊支柱莫德里奇，正是在獨立戰爭時期長大，台灣社會條件再差，也不會比戰亂國家更糟。許多貧困出身知名球星，小時候常常沒有任何設備就踢球自娛，足球其實是財力門檻最低的運動之一。

若談風氣，的確，台灣小朋友普遍不踢球，但如果只論國家隊的發展，摩洛哥雖有踢足球風氣，但此次主要仰賴在外國出生長大球員，與本國風氣並無絕對關係。更別說，社會風氣也可積極塑造。

此次世界盃沙國戰勝阿根廷，大為提升沙國在阿拉伯國家中的聲望，摩洛哥一路挺進，更使摩洛哥成為伊斯蘭、阿拉伯、非洲三個概念的總體精神領袖，足球的國際效應之大不可輕忽，台灣實在不應荒廢足球發展。只要有計畫的長遠規劃，足球風氣一定能發展，國家隊一定能成功，只是不為也，非不能也。

二〇二二年十二月十三日

全力備戰是唯一避免戰爭的最好辦法

民進黨於二〇二二年地方選舉落敗，許多選後檢討，指向國民黨利用「票投民進黨，青年上戰場」宣傳，造成年輕選票流失，這同時導致選後政府對恢復有效兵役役期的必要也是既定政策緘口不言。這既是選舉策略上的解讀錯誤，也是國家戰略上的危機。

從選前許多民調分析，民進黨此次年輕選票大流失發生得相當早，遠在國民黨於選舉末期大舉宣傳「票投民進黨，青年上戰場」之前，「青年畏戰」解讀明顯錯誤。

自古以來，年輕人最是血氣方剛不畏戰，年輕人討厭兵役，是因現行兵役規劃不當，軍中生活只「喊口令、唱軍歌、摺棉被、刺槍術」讓年輕人覺得浪費生命，而非害怕戰爭。相反的，歷次民調都指出，年輕人有七成以上願意為了捍衛台灣上戰場。

倒是年輕人的家長、家業有成的中壯年與老年人比較會害怕戰爭，其實，捍衛主權所謂「不惜一戰」，並不是好戰或挑戰，相反的，正是為了追求避免戰爭，因為，唯有擺出不惜一戰的態度，才最能阻止戰爭。

國民黨總認為卑躬屈膝可以避戰，但中國不是這麼想，蘇洵〈六國論〉闡述古東亞戰國時代，六國之所以慘遭滅國，錯就錯在「賂秦」，蘇洵指出想討好秦國，就像抱著柴火去救火，只會越燒越旺，讓秦國得寸進尺，「薪不盡，火不滅」。

宋朝的蘇洵會寫出這樣的文章也是理所當然，宋朝開國時期，南唐後主李煜對其百依百順，以為這樣可以和平，但趙匡胤非得要出兵滅了南唐：「不須多言，江南亦有何罪？但天下一家，臥榻之側，豈容他人鼾睡乎？」

對中國來說，只要台灣存在，就是在挑釁中國，討好中國，對避免戰爭沒有任何作用，中國之所以還沒有發起戰爭，只是因為還沒有能力攻下台灣。台灣唯一也是最能避免戰爭的辦法，就是積極備戰、徹底備戰。

許多傳說故事說遇到熊要裝死不要挑釁，那是熊不理會你的時候，若熊把你當食物，裝死只是讓牠輕鬆大快朵頤；歐美則有案例，遇到熊時，身邊的忠犬為了護主，拚死向熊齜牙咧嘴吠叫，熊覺得攻擊會被狗咬傷，知難而退。

台灣要保護自己免於中國攻擊的道理也相同，備戰程度越高，中國挑起戰爭難度越高、要付出的代價越高，開戰的機會就越低。也因此，若家長怕小孩上戰場，最應該支持的，就是提升國防預算，恢復有效兵役，以遂行國防改革，讓國軍成為有效率有戰力的菁英武裝，中國自然不敢越雷池一步，也就沒有戰爭了。

二〇二二年十二月二十日

拜登簽署《國防授權法案》，宣示抗共挺台戰略清晰

在美國參眾兩院民主共和兩黨共同支持通過下，美國總統拜登簽署《國防授權法案》，其中授權二〇二三至二〇二七年透過美國國務院外國軍事融資提供台灣每年二十億美元貸款共五年，落實先前《二〇二二年台灣政策法》防衛台灣安全與支持台灣自決的決議。

有好事者吹毛求疵，批評二十億原本為無償金援卻改為貸款，其實，台灣經濟實力與財政穩健，並非需要金援國家，二十億美元相當於六一四億元新台幣，相對於台灣每年總預算二兆規模僅為百分之三，並非絕對性的差別，美國提供貸款，用意在表現美國力挺台灣，共抗中共的決心。

美國也透過兩院兩黨同心協力一致支持於國防建設中強調抗共挺台，向日印澳盟邦展現美國的態度，激勵盟邦更大力度協力遏制中國；日本已經呼應，大增國防預算，自二〇二三至二〇二七年度的五年國防預算將創新高，編列逾四十兆日圓；澳洲也已經宣示要再提升國防預算。

這也是美國「戰略清晰」的一環，過去美國在台海問題上採取戰略模糊，在川普時代美國已經反省，戰略模糊給中國太多空間，反而讓中共大頭症幻想「大國崛起」，俄烏戰爭更顯示，息事寧人的態度只會誘發戰爭，因此美國不論民主共和兩黨都已經徹底理解：要阻止戰

爭，就必須清楚強力警告中共勿越雷池一步。

寫明二十億美元的金額，是美國清楚表態：對中共的嚇阻，不只是空言恫嚇，而是美國實際投入心力，為台灣建立堅實的戰備。台灣的戰備越提升，戰力越堅強，中國動武的機會就越低。嚇阻戰爭的最有效手段，永遠是徹底提升戰備。

美國此舉也是要告誡台灣內部的親共人士：風向已經改變。過去美國用戰略模糊跟中國虛與委蛇，所以容忍台灣親共人士與中國眉來眼去，作為戰略模糊的一環，當時追求往戰略清晰方向的陳水扁總統，反成了「麻煩製造者」。但如今美國已經改為戰略清晰，不再想要台灣有人媚共親中，若沒有體會到美國國家戰略的改變，還繼續主張與中共來往，將會成為美國的眼中釘。

台灣就財政上是還得起錢，但相較以色列得到許多無須償還的款項，其實，最大的差別就在於實力，以色列威壓中東，軍事技術上有傲人成就，台灣望塵莫及，所以得到的條件不如人。這應該深自反省，生聚教訓，以色列僅九百萬人，且專長在軟體創新，台灣才是半導體與硬體製造大國，為何軍事力輸一大截？其實，就在於決心而已。

二〇二二年十二月二十七日

這是備戰的一年。

九合一大選的潰敗，民進黨務求痛自整頓。
黨主席交棒之後，整軍，再出發。
以新氣象面對來年的總統大選。

挺台派，重新站起來。

2023

兵役恢復一年，有備而來，接軌國防改革

蔡英文總統年前宣布「強化全民國防兵力結構調整方案」恢復義務役役期為一年，新年元旦文告也再度提起，從總統宣布的總體計畫，可見此次總統對恢復役期的規劃並非「頭痛醫頭」僅因應少子化兵源不足問題，做數學上的調整，而是全盤運籌帷幄、有備而來。

台灣要有堅實的國防，最重要的是要建立整體社會的尚武精神，但是，過去台灣受華人文化影響「好男不當兵，好鐵不打釘」。長年以來，國軍平戰不分，要義務役士兵「割草、搬磚」浪費生命，這是造成整個世代民眾對當兵敬謝不敏的深層原因，而之所以如此浪費人力，也是因為義務役成本過低。

過去義務役的低薪，不僅造成人力的浪費，也使得社會對當兵相當排斥，助長鄙視軍人的風氣，不利尚武精神的塑造，此次延長役期的配套方案，對此也進行改革，義務役二兵薪資，含保險和餐食費將大幅提高到接近基本工資，軍階提升會進一步增加，雖然仍低於社會薪資，但已是正確的方向。

薪資以外，義務役如今也可計算年資，銜接勞退制度。另外，看看以色列兵役，不僅沒有

浪費役男的生命，反而讓役男結交各領域同袍，學習許多實用技術，加上退伍後的輔導體系，促成大量新創事業誕生。此次，兵役改革也朝這個方向踏出第一步，研究讓教育制度彈性可能方案，使役男能有效利用時間順利接軌職涯。

國人最在意的訓練內容，也因應俄烏戰爭後單兵武器的顯學「強化訓練內容，擴充訓練量能」，增加單兵防空武器刺針飛彈、單兵反戰車武器標槍飛彈以及國產的紅隼火箭彈，還有無人機操作等等新式武器訓練，將使國軍戰力大為現代化，服役的內容可實際操作只能在新聞中看到的各種武器，將不會受青年厭惡，而是躍躍欲試。

台灣兵役問題沉疴已久，面對強大威脅，亟需改革，蔡英文總統執政有點「慢郎中」，直到任期最後一年才推出，讓人捏把冷汗，但是遲到總比不到好，蔡英文總統願意推動兵役恢復合理的役期，並且慢工出細活，制定了總體配套措施，全國人民應給予全力支持與鼓勵。

此次的所有國防改革，雖然還不是最終最理想，例如：役期僅有一年，其實以砲兵以上的專業兵種來說仍然太短，不足以構成有效戰力，還需要進一步延長；薪資接近基本工資，較過去已大幅提升，但仍然低於社會薪資，還有提升空間；與產學合作，只有學的方面踏出第一步，未來還需要更全面性的與台灣科技產業整合。

但千里之行，始於足下，最重要的是踏出第一步，相信未來的接任者，會繼續完善政策，朝蔡英文總統訂下的正確方向走下去。時值中共軍機持續擾台，仍要強調：避戰的唯一辦法就是全力備戰。引用蔡英文總統箴言作結：「只要台灣夠強，就會是全球民主自由的主場，就不會變戰場，青年就不用上戰場。」

二〇二三年一月三日

吳怡農證明本土價值仍受選民肯定

台北市中山、北松山立委補選，吳怡農在風聲鶴唳氣氛中出戰傳統劣勢選區，選舉初期黨內還有路線紛爭，如林濁水所言「天時、地利、人和」全數不利，最終雖仍未勝選，但已創下選區得票率最佳紀錄。

比較最近三次該區立委選舉，吳怡農此次不僅得票率均較先前的人成長，中山區甚至首度獲勝。尤其選前大環境對民進黨相當不利，中央陷入超徵稅收如何利用爭議，地方則有台南、新竹不利消息，吳的表現難能可貴。

吳怡農的佳績，代表本土價值選民仍然支持民進黨，並未氣餒崩潰，台灣人民的堅強團結，會扶持民進黨從二〇二二年的失利、跌倒重新站起，走穩繼續向前行。

吳怡農的選舉方式也值得研究，選舉初期，他堅持反對黑道干政，即使得罪黨內要人，屢遭明示暗示威脅要斷絕基層組織，也在所不惜；他更堅持正面選舉，許多人認為太過理想化；吳怡農更是始終如一，堅持加強戰備，絲毫不懼國民黨的怯戰宣傳。

事實證明，吳怡農的路線正確，相信也是民進黨重回軌道的一個指標，展望二〇二四，本土政權要延續，就要能有這樣堅持、堅強的力量，重新凝聚本土價值以及中間選民的認同。

吳怡農代表的戰備觀念證明，蔡英文總統意志堅定推動兵役恢復有效役期，為國家長遠生存考量而不是只顧眼前選票，這樣的政治家風範，並不會造成選票流失，只會得到更多支持。

少數政治人物迷信地方樁腳，與黑金漸漸妥協，甚至當作理所當然，選民透過支持吳怡農的特立獨行，提醒政黨要徹底與黑金劃清界線，並發揮當年賴清德副總統任台南市長時堅決不同流合汙的精神。

台灣政治自太陽花以後迷信網路選戰，網路言論又是語不驚人死不休才容易擴散，導致陷入口水惡戰，甚至攻擊相同立場只是有部分意見不同的人，雖然贏得了辯論，卻趕跑選票，輸了選舉。吳怡農的正面、理性、溫和選舉方式，證明「北風與太陽」之中，只有「太陽」才能重新找回大眾的信賴。

民進黨去年受挫後，很快吳怡農又能創下新高得票率，說明選民並非唾棄民進黨，只是希望點醒民進黨持續改革，民進黨也必須回應選民期待，給人民全新印象、重新出發。

行政院長捍衛政府政策，甚至與立法委員針鋒相對，本是忠誠的表現，但如今繼續「北風」風格自稱「太狠了」是否仍恰當？值得思考。執政黨不受選民肯定時，由總理也就是行政院長負起政治責任，是全球民主政治慣例，並非代表執政有何錯誤。民心求變，總統於人事上可更大膽揮灑，也是為本土政權奠定更好的未來。

二〇二三年一月十日

賴清德主席時代，展現「太陽」新氣象

民進黨主席十五日補選，賴清德副總統以百分之九十九．六五的得票率當選，在這個艱難的時局，擔當率領民進黨與本土力量重新出發的重責大任，本土選民引頸期盼，希望新人新政下能帶來新氣象，讓民進黨重回軌道，再現二〇一八年敗選後反彈獲勝的前例。

當選後到實際交接，尚有一小段時間，不過，從參選黨主席期間「向黨員報告」，可大體看出賴清德副總統的領導觀念，也就是重拾蔡英文總統二〇一六年達成民進黨重回執政時所強調的「謙卑、謙卑、再謙卑」。「向黨員報告」的本身，就是由下而上的傾聽基層民意，重新強調「民主」這個民進黨的基本價值。

「向黨員報告」回到賴副總統於政壇建立名聲的台南時，針對台南二〇二二選前選後發生許多紛擾，賴清德率領台南市長黃偉哲等黨政要職一同向選民鞠躬道歉，對於民進黨執政卻未能解決地方黑金問題，代表全黨深自反省，但是，賴副總統也以通俗的台灣俚語強調：台南民進黨政治人物「尻川（屁股）有幾根毛」人民都一清二楚，實際上哪有能耐成為黑金？

這樣的表白，可以看出賴清德重整民進黨步調的基本態度，那就是，面對第一線人民反應的問題，身為執政黨，深自檢討，接受批評並反省，表達出民主、謙卑，讓人民重拾民進黨會解決問題，率領人民進步的信心。但另一方面，對於不符合事實的臆測與抹黑，可能為「認知作戰」的部分，則堅定地捍衛黨的清白。

中國的確無時不刻見縫插針，試圖用各種方式詆毀本土政權，面對認知作戰，首要是國安情報檢調單位要全面動員，將匪資、匪諜一網打盡，但是，一般人民若不小心受到影響，則需堅定溫柔的說明，不能將台灣自己的人民當成敵人。

全球疫情、俄烏戰爭下全球通膨之中，許多底層人民生活以及中小企業受到相當的打擊，但普通人民並不了解國際局勢，當他們發出不平之鳴，若強硬反駁，說是受到「認知作戰」才會批評政府，其結果就是徹底激怒選民，這也是去年民進黨的敗因之一。

伊索寓言「北風與太陽」，北風的手段總是會失敗，只有太陽的溫暖才能成功，過去民進黨為了對抗認知作戰，一度走上北風的路線，受到選民的教訓，欣見賴清德黨主席時代，以謙卑的心、民主的精神，率領民主進步黨邁步向前，散發「太陽」般的新氣象，也相信必能贏回民心，再續執政。

二〇二三年一月十七日

新閣人事證明黨政團結，共同守護台灣

蔡英文總統宣布新內閣以及要職人事，由前副總統陳建仁率領，鄭文燦擔任副手，林佳龍則任總統府祕書長。消息一出，反對黨陣營見縫插針，譏諷均是老面孔，其實反對黨的攻擊缺乏政治常識，在任期最後一年，不貿然啟用新人，而是採用資深具政治經驗、黨政各界熟悉的人選看守執政，以利妥善交給下一任總統，是蔡英文總統穩健負責的表現。

反對黨陣營與媒體也提出不切實際的猜測，認為陳建仁、鄭文燦、林佳龍都是先前民進黨內角逐下任總統候選人呼聲較高的人選，如今均擔任要職，就是要讓他們在職位上有所表現，之後跟賴清德副總統競爭民進黨總統候選人提名。這種言論可說是故意聳人聽聞，從選舉時程一望即知不可能。

參考二〇二〇年總統大選民進黨黨內初選時程，初選在三月登記，六月完成。蘇貞昌院長於（一月）三十日總辭，新閣三十一日交接，馬上就進入二月，若是到三月登記初選，僅僅一個月的時間，如何能有什麼亮眼表現？更別說，若是新官上任，才一個月，就馬上拋下職務參加初選，選民將如何看待？這絕對不是合理的政治操作策略。

因此，反對陣營與部分媒體的權謀猜測，連最基本的時間表都沒有看，毫無政治常識可言，貽笑大方。與他們的攻訐恰恰相反：蔡英文總統如此人事安排，讓三位可能角逐的優秀人才都各居其位，正是證明三位都不會角逐黨內初選，賴清德副總統作為黨內候選人已經可說確定出線。蔡英文總統透過新人事，昭告不會有所謂的黨內爭位問題，反對勢力無可見縫插針。

賴清德副總統於競選黨主席「向黨員報告」時提出民進黨就是「民主、和平、繁榮」，強調守護台灣、促進民主、和平繁榮是民進黨下一個階段的使命，具體的做法就拚經濟、顧民生、強國防。可說對國政方向已經有很清晰的願景。

如今黨內三巨頭各居其位，以時程而言既然不可能爭位，他們接受要職的任命，也就代表與黨主席賴清德同心團結，一同推動「民主、和平、繁榮」，穩穩延續本土政權，無縫接軌。相信這對三位人才本身，以及對蔡英文總統而言，都是最佳策略，畢竟本土價值與民主的順利延續，將會成為蔡英文總統兩任期最大的成就。

二〇二三年一月三十一日

和平與安全只會來自決心備戰，而非屈膝投降

國民黨去年不顧中國軍機密集繞台，仍派副主席夏立言試圖向中國輸誠，卻連國台辦主任都見不到；中國去年底國台辦人事更迭，由宋濤接手，如今國民黨仍不識時務，無視中國間諜氣球引起美中對立急遽升高，還要再派夏立言求見宋濤，向中國朝拜。

國民黨如此愚行卻自稱「和平代言人」，其基本論述，癡心妄想憑著跪地求饒能得到一紙和平協定。殊不知，人類歷史上從來沒有廢紙能夠帶來和平的例子。相反的，正是因為張伯倫與希特勒簽了《慕尼黑協定》，使希特勒認為英美軟弱，膽大包天發起侵略戰爭。

中國歷史上屢次證明條約對其來說只是撕毀用的，不論是《穿鼻草約》、《天津條約》都是簽約當下就打算毀約，最後都靠著武力才讓中國乖乖就範，對香港的承諾也絲毫不認。由此可知中國根本「不識字」只認武力，面對這樣的野蠻國家，卻幻想能憑著一張嘴就能所謂溝通，或是憑著紙上寫幾個字，只能說癡人說夢。

當副總統賴清德提出「和平保台」主張，國民黨以自己狹隘的偏見，自認和平只有輸誠，於是多加嘲諷，這只顯示出國民黨的幼稚。適逢英國外相針對俄烏戰爭，對和平做出正確的說

明：維護烏克蘭和平的最好辦法，就是盟國協助提升烏克蘭的戰場戰力。

同理，「和平保台」並非對「務實的台獨工作者」立場有所退縮。台灣若毀於戰火，也不是獨立的目標，和平繁榮永續發展，才是建國的理想。但如何達到和平？不是幻想可說服中國，專制國家獨裁者隨時可能改變心意，不論是誤判局勢，或是喪心病狂，和平想依靠不確定性如此高的心理因素，根本不切實際。

要確保和平，唯一的辦法，是美國正在示範的「全面性遏止」，美國如今積極佈署軍事戰力於日本、菲律賓，日本也大幅提升國防預算，菲律賓則大開綠燈讓美國大增軍事基地，配合美國對台軍售質與量的快速提升，以及台灣本身積極備戰，讓中國想要開戰，就會面臨重重困境，不論獨裁者怎麼想，都只能放棄戰爭手段。

「抗中保台」細緻化為「和平保台」，是說明台灣的積極備戰，並未要主動攻擊中國。藉由完善防衛能力，聯合友好盟國的力量，徹底阻絕戰爭發生的可能性，來達到確定的和平。

台灣人要認清：和平的辦法只有一個，就是全台灣人團結一致，展現抗戰決心，支持國家積極提升戰力與戰備，與盟國同心協力，使中國無機可趁，這就是「和平保台」的真義。相對的，任何宣稱跟中國所謂溝通可帶來和平的，都只是「假和平詐騙集團」而已。

二〇二三年二月七日

切莫再來推銷國王的新衣

《國王的新衣》的國王遭騙子愚弄後自欺欺人，明明身上一絲不掛卻幻想自己有穿衣服，還要全國人也跟著想像，最後被小孩戳破真相。在台灣，這個故事還有後續，大多數人早已知道國王沒穿衣服，卻還有少數人堅持幻想，還信誓旦旦地繼續跟正常人推銷國王的新衣。

這件國王的新衣就是「九二共識」。史實上，辜汪會談沒有產生任何共識，一九九二年國民黨報《中央日報》報導「兩岸對一個中國表述無共識」，陸委會官方新聞稿稱「中共凸顯政治意圖、海協會缺乏誠意、海協會代表授權不足、商談時間太短」所以破局，李登輝先生生前多次證言毫無共識，當年，時任陸委會副主委的馬英九也證言「根本沒有共識的結果出現」。

這是因為中國的「九二共識」內容是「台灣屬於中國，是中國的一省」，台灣當然不接受。日後國民黨卻當上故事中的騙子，聲稱只要夠有慧根就可以看見國王的新衣，主張以中華民國的名義用「九二共識」就能跟中國談判。

中國看似隔海唱和，但是，中國從來都認定中華民國已經滅亡，根本不承認中華民國，並在國際上徹底抹殺中華民國所有存在證據，中國口中講的「九二共識」都是中國版，亦即單方面併吞，中國說承認「九二共識」就能來談，是要台灣承認屬於中國才有得談，從來不是國民黨的版本。

隨著中國歷來的言行，多數台灣人民對中國的意思早就一清二楚，只有國民黨還幻想能自欺欺人，這也是國民黨遭唾棄的根本原因。如今這個推銷可笑的程度創下新高，過去與郝柏村關係密切而能歷任國防部法律顧問、海基會首任秘書長的陳長文，在國民黨內也推銷不動國王的新衣了，竟然想向民進黨黨主席賴清德推銷。

陳長文想向中國野人獻曝「一國良制」想法，無法說服中國，卻在台灣點名騷擾他人，貽笑大方。這類想法暴露的都是缺乏基本現實意識，過去國民黨在中國時期，中共提出和談，都是為了爭取喘息與壯大時間，最終以武力消滅國民黨，才有了陳長文生於雲南卻只能逃來台灣的歷史，蔣介石自認吃了國共和談相當大的虧，終身對此氣憤不已，若他地下有知聽到國民黨後人竟然主張國共和談，必定會死不瞑目。

蘇洵〈六國論〉早就闡明「薪不盡火不滅」，中共的心態如趙匡胤「臥榻之側，豈容他人鼾睡乎？」香港的現況說明條約對中國來說只是撕毀用，國共和談的歷史，告訴我們和談都只是為了武力消滅作準備，中國之所以還沒有發起戰爭，只是因為還沒有能力攻下台灣。

台灣唯一能確實的追求和平、避免戰爭的辦法，就是積極徹底備戰，結合堅實的國際戰略結盟，讓中國判斷用武力不可能使台灣屈服，唯有這樣，中國才會放棄武力，才會認真思考真正的和談。這不僅是務實的台獨主張，對全台灣不分政治立場，所有期盼和平的台灣人，都是確保和平最務實、最可行的方案。至於抱持國王的新衣論者，還是回家照照鏡子吧！

二〇二三年二月十四日

維持主權獨立現狀是台灣最大公約數

賴清德副總統就任民進黨黨主席後，宣示「台灣已經是個主權獨立的國家，不必再宣布獨立」，這呼應過去李總統登輝先生所言「台灣是一個主權獨立的國家，但是一個不正常的國家」台灣需要的是「國家正常化」。

國民黨對賴清德副總統長期主張「務實的台獨工作者」多所批評，對「台獨」兩字驚如洪水猛獸，大加詆毀，屢屢宣稱台獨就等於與中國戰爭，殊不知，中國《反分裂國家法》寫明「世界上只有一個中國」，不承認中華民國，國民黨本身也是中國「不放棄武力犯台」反分裂打擊的對象。

中國屢次挑明，若要中國滿意，只有台灣自行放棄主權、徹底投降，而這是台灣人民所絕對不願接受，也不可以接受的。因為一旦放棄獨立主權，沒有自主治權與軍事力，就只能像香港一樣任人宰割。

除了極少數甘為中國喉舌的匪諜以外，絕大多數台灣人都希望維持主權獨立，也就是所有人通通都是「台獨」，實際上只分為務實的台獨、不務實甚至不自知的台獨，而國民黨就是後者，台灣人唯一的出路只有務實的台獨。

何謂務實的台獨，首先認清台灣的現狀與處境，台灣目前就「領土、人民、主權」的現代國家定義上都完全具備，正如李登輝先生的提醒，台灣實質上主權獨立，只是不正常，因為在歷史上，國民黨帶來中華民國的名不符實招牌，導致在國際上變得妾身不明。

台灣不需要重新宣布獨立，只是最終要拆除錯誤招牌。務實的台獨，第一要務就是維持台灣主權獨立的現況，這也是台灣人民的最大公約數。確保台灣生存，唯一也是最有效的辦法，就是徹底備戰並強化國際戰略結盟，使中國沒有能力侵犯台灣，如此才能擁有和平。

台灣不是只要眼前存活，還要長期永續經營，並逐漸達成正常化目標。以色列也有國家不正常問題，國際不承認以色列首都為耶路撒冷，許多伊斯蘭國家不承認以色列，但以色列的作法就是富國強兵，在軍事經濟外交上成為國際上不可或缺的強大國家，於川普時代獲得重大突破。這可以是台灣未來正常化的務實路線。

只要中國不侵犯台灣主權，台灣都願意與中國進行貿易與所有和平交流，但面對中國想要侵犯台灣主權，若在野黨認為可以與虎謀皮，則根本不切實際；唯一務實的辦法就是政府強化戰備、人民展現團結，徹底拒止中國吞併台灣的野心，才能維護主權獨立的現況，這也是絕大多數台灣人民的願望。

二〇二三年二月二十一日

國際因素導致糧食安全問題，全國應同心面對

雞蛋價漲與供需引發朝野口水戰，延燒到支持者，挑起證明買不買得到蛋的意氣之爭，其實，國際因素造成世界糧食安全問題，台灣無法置身事外。

全球疫情影響全球物流，俄烏戰爭雪上加霜，俄烏均是重要糧食出口國，使全球糧食貿易一片混亂，飼料價格大漲，墊高養雞成本，冬季適逢換羽，又逢多國禽流感疫情，包括美國、日本在內都受相當大影響，在台灣也造成雞隻減少，去年底產蛋雞隻從四千四百九十二萬隻減少為三千兩百零四萬隻。

還有三千多萬隻雞在生蛋，當然大多數人買得到蛋，但是減少一千多萬隻的生產量，也一定會反映在供需：價格上漲、部分通路上平價蛋偶有空缺，部分餐廳調整菜色減少用蛋。民眾遇到這些現象，都是真實的感受，沒有遇到的人，不應去詆毀有遇到的人，那只會造成對立。

國際波動非政府能控制，禽流感防治固然是政府職責，也非人定勝天。這波國際糧食震盪，英國番茄、小黃瓜、胡椒均大缺貨可能要持續一個月，生鮮通路沙拉必須配給，民生物價飆漲更

早已讓多國產業勞工受不了，紛紛大罷工要求加薪。台灣相對來說已是物價較平穩國家。

戰爭、氣候變遷，種種因素讓糧食安全更為脆弱，台灣需思考短中長期對策，以蛋而言，進口固然可解燃眉之急，但是若每次價漲時就進口，蛋農未能擴大獲利不願投資，無法提升本土產能。農業縣立委蘇治芬提出，應把進口經費用來融資協助蛋農升級生產設施，這也是另一種策略想法。

過去黨國時代宣稱「萬能政府」插手一切，農委會對於價格有諸多正規與非正規方式對盤商施壓、從飼料起掌握蛋農命脈，連同進口與否、向何國進口，進口數量與分配，通通一手包辦，全盤打理，平時還可穩定操盤，當國際亂流一來，每個環節都要去管制，當然左支右絀。

最初國際飼料價格大漲，使雞蛋價格蠢蠢欲動時，農委會為穩定物價，軟硬兼施控制價格，固然是為民著想，但是賠錢生意沒人做，蛋農養雞意願下降，後續雞隻減少，供應出現缺口，結果價格更漲，這是管制市場反而適得其反。

隨著國際各種變因越來越複雜，政府已經難以控制市場，應該改變思維，尊重並想辦法善用市場天然的調節功能，也要教育人民適應市場的波動性，才能在未來更劇烈變動的環境下存活。

如果朝野針對蛋的辯論，是上述的政策方向討論，相信不論吵得再激烈，對台灣都是有益，期望台灣的政治，能朝向這樣的方向發展，才是國家人民之福。國際變化日趨劇烈，糧食安全隨時可能滅頂，此時台灣人應同心面對，共同思考對策，而非意氣之爭的時候。

二〇二三年二月二十八日

表達抗共鋼鐵決心，乃和平唯一出路

南投縣立委補選中，國民黨再度祭出「票投民進黨，孩子上戰場」恐嚇，智慧的台灣選民這次已不為所動，給國民黨重重的一巴掌。過去一向藍大於綠的南投第二選區，由甫在縣長選舉中落敗的的蔡培慧扳回一城。

國民黨恐嚇發生反效果，顯現台灣人民的骨氣與智慧。羅馬帝國時代的軍事思想家維蓋提（Vegetius）著作《論軍事》（*De re militari*）中明白指出「汝欲和平，必先備戰」（Si vis pacem, para bellum），只有戰力才是和平絕對的保障。政府正在加緊強化國軍戰力，配合盟友美國更積極軍售、協助訓練，這是追求和平最好的後盾。

那選舉中，選票如何投給和平呢？俄烏戰爭的例子，顯示事實與國民黨所想的恰恰相反。

戰爭發生至今，烏克蘭總統澤倫斯基堅決抗戰、表現可圈可點，不過，在他當選時，由於他身為俄語裔，並且打敗的是強烈反俄的波洛申科，使得俄羅斯接收到錯誤訊息，誤以為烏克蘭人民見到俄軍不但不會抵抗還會「簞食壺漿，以迎王師」，更藐視演員出身的澤倫斯基，認定只要兵鋒一到基輔他就會逃走。

不只俄羅斯這樣認為，俄烏戰爭最初，歐美各國也提出幫助澤倫斯基逃亡，反而是澤倫斯基替歐美上了一課，告訴他們需要的是軍事援助，而非機位。

若是普丁知道開戰後會陷入如今的泥淖，損失兩千輛戰車、二十萬士兵，幾乎打掉國家老本，戰後勢必淪為三流國家，當初還會輕啟戰鋒嗎？絕對不可能。雖然這樣說對堅決抗戰的澤倫斯基實在不敬，但當初若是波洛申科連任，使俄國判斷入侵後會遇到強力抵抗，那麼很可能不會發生俄烏戰爭。

他山之石，可以攻錯，台灣盼望和平，不要等到真的發生戰爭，才從自己的血淚中學習經驗，而是可以從烏克蘭的經驗學習如何避免戰爭，那就是：向可能的侵略外敵，表達出堅決抗戰到底的鋼鐵決心，讓對方知難而退，才是追求和平唯一且最好的辦法。

和平是所有人的事，砲彈落下來可不會分黨派，國民黨也好，其他政黨、政治組織也好，都應該一起向中國堅定表達台灣人必定奮戰到底的決心，讓中國判斷找不到「帶路黨」，只好放棄武力犯台，這才是和平的最好辦法。

若是國民黨不願意這麼做，而是老是展現對中國卑躬屈膝，讓中國判斷入侵後能藉助國民黨奴役台灣人，那麼，智慧的台灣人民很清楚：投給國民黨，才會引來戰爭。

二〇二三年三月七日

看經典賽團結國人——該是台灣正名時候

二〇二三世界棒球經典賽，台灣隊連續力克歐洲強隊，連兩天分別以十一比七、九比五的漂亮比分勝過義大利、荷蘭，雖然最終敗給古巴無緣晉級，但選手們越挫越勇的奮戰精神，不僅讓比賽高潮迭起，更感動全台灣，不分族群黨派，都為台灣隊加油。

只是，這隻隊伍的名稱卻還是分歧的，本土意識台灣人稱台灣隊，許多從小叫習慣的球迷仍稱中華隊，而外國人看到隊服上沒有隊名，只有一個胸前的不明標誌，是由「Chinese Taipei」而來的「CT」。

這種奇怪的現象，讓外國人大惑不解，明明是台灣，為何要說自己是中華，何況經典賽事中還有一隻表現爛透的中國隊，然後台北又是怎麼回事，更不可能搞懂「CT」與台灣的關聯何在，還以為是哪家贊助企業。

過去國民黨幻想自己在台灣仍是統治中國，時時強調中華民國就是中國，但是國際上沒有人這樣認為，國民黨只能關起門來強迫洗腦台灣人，可是體育國際賽事一出國門，會碰到真正的中國隊，國際上不可能把台灣當中國，中共也不允許中華民國來跟它競爭中國的統治正當性與國際代表權。

中共的一貫立場是：中華民國已經滅亡。國民黨一直欺騙台灣人的一點是：中共痛恨中華民國甚於台獨，台獨只關乎台灣，中華民國卻是會動搖中共在全中國的統治。數十年來，中共無所不用其極在國際上消滅中華民國的任何存在。在無情的打壓下，最後成了「Chinese Taipei」這種不倫不類的隊名。

國民黨自認中國卻無法叫中國，於是台灣運動賽事隊伍成了中華隊，這實在是自欺欺人到了極點。很多台灣人從小為中華隊加油，不知其來由，對這三個字有情感，那麼或許在國內繼續各叫各的，只是，對外該是好好爭取以台灣為名的時候了。

世界各國的國家隊出國表現，都是宣傳國家的重要機會，這次經典賽其他國家隊服都大大的寫著國家名稱，就台灣隊國名空白，胸前只有一個意義不明的「CT」，外國人若非有特別研究東亞局勢，誰知道這是哪來的奇怪隊伍。

過去台灣在國際上總是妾身未明，是因為一方面自欺欺人，一方面遭中國打壓。如今台灣已沒有繼續自欺欺人的理由，國際形勢也已改變，世界主要國家從對中國抱持幻想到幻滅，轉而全面圍堵中國。此時台灣爭取正名，應有一定成果，所有政府與民間組織，都應積極向國際爭取正名，不要老是頂著內外有別、讓外國人困惑的名稱。好好的用台灣隊名出賽，別再讓棒球健兒們的努力，變成只能內銷，而無國際作用。

二〇二三年三月十四日

與獨夫無對話可言，國民黨切莫一廂情願

國民黨智庫國政基金會「中共兩會後對台政策之影響」座談會上，前總統馬英九中國政策的主要策士趙春山，又如錄音般重複無新意的國民黨宣傳，聲稱國民黨當選，跟中國就會「有對話」，他更天真的認為，只要跟中國對話一下，就會恢復馬政府時代「好氣氛」，不會有解放軍機繞台。

趙春山若非嚴重喪失記憶，就是惡意欺騙台灣人，因為中共軍機從二〇一三年開始進行遠航奔襲訓練，二〇一六年時曾經一個月兩次來犯，都在馬英九總統任內。

趙春山自己也清楚「美國會繼續遏止中國的崛起」，與馬英九總統時代國際情勢已經完全相反。若是台灣在這個節骨眼上，還整天想要跟中國勾勾纏，可是會成為世界民主陣營的眼中釘。

缺乏國際現實認知者，總是天真地認為對話一下就能解決事情，若真有這麼簡單，人類歷史上就不會有戰爭了。歷史上最有名的對話是，古希臘雅典侵略米洛島前雙方的《米洛對話》（*Melian Dialogue*），對話之後毫無共識，雅典屠滅了米洛島。

東亞歷史上，南唐李後主認為對宋恭順就有和平，毫無戰備，宋見有機可乘當然出兵侵

略，李後主連忙去對話，趙匡胤只回以：「不須多言，江南亦有何罪？但天下一家，臥榻之側，豈容他人鼾睡乎？」

近現代也是如此，張伯倫認為跟希特勒對話一下就有「這個世代的和平」，簽署《慕尼黑協定》回國時還揮舞著文件，結果是立即引爆第二次世界大戰。美國柯林頓總統時代也認為跟北韓對話一下就會和平，結果是，北韓發現只要鬧事，美國就會來對話，可藉機勒索援助，自此鬧個不停。

國民黨應該最知道這點才對，歷次國共和談，國民黨都吃大虧，蔣介石深恨美國要他與中共對話，認為都是因此丟掉中國，豈料如今徒子徒孫中卻有成群的對話論者。

國民黨最崇拜的孫文早就明示對話無用論：「要請在亞洲的歐洲人，都是和平的退回我們的權利，那就像與虎謀皮，一定是做不到的。」諷刺的是，日後歐美二戰後的確無條件退回了許多條約取得的權利，包括歸還香港給中國，但中國卻撕毀「五十年不變」承諾。跟歐美可以對話，但想跟獨裁專制國家對話，無異與虎謀皮。

歐美跟俄羅斯對話了老半天，法國總統馬克宏一度洋洋得意認為自己說兩句話就有了和平，結果俄羅斯唬了他之後立即出兵攻打烏克蘭，讓馬克宏成為國際笑柄。

馬克宏天真盲信對話，只是丟臉而已，台灣若與虎謀皮，可是會丟掉性命。趙春山這種謬論，造就馬英九以前總統身分，知曉如此多國家機密，卻竟然還想率團訪中的準叛國行為，國人應該共同譴責，千萬別再讓這些對話論者欺騙善良的台灣人。

二〇二三年三月二十一日

鍾逸人鬥士諄諄教誨：台灣人不是中國人

二二八事件中曾入獄者如今已經凋零殆盡，其中入獄最久的反抗鬥士鍾逸人，（二〇二三年）三月十九日晚間與世長辭，享嵩壽一百零二歲，鍾逸人見證了台灣一個世紀的歷史，於其精彩的一生即將結束之際，由妻子代為撥通電話，以最後一口氣，向友人趙清淵再度強調「我是台灣人，不是中國人」，留下此句擲地有聲的名言，之後溘然離世。

鍾逸人出生時，台灣還是日本時代，他小學就讀台中公學校，如今是台中市西區忠孝國小，參加「日本武德會少年劍友會」，畢業後由武德會推薦進入台中青年學校，也就是如今的台中青年高中，之後赴日求學，在日本接觸人權與社會主義思潮，因而遭以「反日思想」為由移送巢鴨監獄拘留。

以當今看來，左派的許多主張不顧現實面、違反資本市場的基本原理，終究窒礙難行，共產主義的實驗更已經證明徹底失敗，為人類帶來重大災禍，因此當前主流文明國家均以反共為職志。但是我們必須了解當年的時代背景不同，在鍾逸人的年代，人類尚不知共產主義未來所帶來的禍害，全球許多希望改革、打倒強權的理想者，經常都服膺社會主義、接觸共產思想。

鍾逸人獲不起訴處分，但仍受日本監視，「最危險的地方就是最安全的地方」，乾脆進入陸軍，當起從軍酒保商人，甚至取得陸軍經理部雇員職位，藉職務之便聯繫志同道合的台灣人，其中包括謝雪紅等。

日本統治結束後，鍾逸人不改反對強權的鬥士精神，於「壁報事件」與中國警察衝突，舉發並報導不法事件，披露檢察單位與憲兵隊長李士榮弊案，前後被憲、警、檢單位拘捕三次，一九四七年二月廿七日他才剛獲釋，當天發生圓環緝菸事件，即二二八事件的引爆點，鍾逸人向楊逵了解事件經過後，在台中召開市民大會，著手印製傳單一萬張，在台中師範學校號召師生成立「民主保衛隊」，台中市各校學生紛紛加入，至干城營區成立「二七部隊」，鍾逸人擔任部隊長。

但二七部隊成軍倉促，很快潰散，鍾逸人被捕正在遭處決前夕，陳儀主政專制的「行政長官公署」遭撤銷改設省政府，二二八事件由軍法改為司法審判，鍾逸人判刑十五年，送至綠島囚禁十七年方獲釋，是二二八事件入獄者最後一位重獲自由者。出獄後，仍繼續推動台灣民主運動，參與廢除刑法一百條運動。更以親身經歷從事著作，因而獲台灣文學家牛津獎、巫永福文學獎、吳濁流文學獎三大文學獎項。

如今鍾逸人鬥士精彩的一生畫下句點，他生前就多次宣揚「我是台灣人，不是中國人」，生命的最後，再度諄諄強調，台灣人只有認清自己是誰，才有未來。也提醒少數認同混淆的台灣人，應該盡早醒悟，勿再不知自己是誰。

二〇二三年三月二十八日

濫用卸任總統身分，馬英九應為內亂外患罪負全責

中國軍事威脅台灣不斷，最近更強行斬斷台灣與宏都拉斯邦交，使得承認「中華民國」的國家又減少一個。馬英九卻在此時率團前往中國，聲稱交流還誇稱和平，馬英九若要當張伯倫，或是認為「兩岸同屬中華民國」，那也還在言論自由範圍內，但是當他竟然引用中國憲法前言來指稱「台灣是中國不可分割的一部分」，國人就必須追究他的忠誠問題。

馬英九的政治信仰是「中華民國」，認為當前的中華民國在台灣真的是繼承自一九一二年成立的中華民國，這論點就先不與之爭論，但即使以馬英九的中華民國信仰，中華人民共和國也是「叛亂組織」中國共產黨「竊據大陸」下的「淪陷區」，絕不可能承認中華人民共和國建國，還有憲法。

中共也不承認中華民國的存在，中共的立場一向是中華民國早在一九四九年就已經滅亡，所以馬英九此次出訪，中國方面永遠只稱為「馬先生」，絕不會承認他是總統，連接待規格也低人一等，甚至不如連戰，就是要從根本上否定馬英九當過台灣總統的身分。

但馬英九卻竟然引用——也就表示承認——中華人民共和國憲法，這在中華民國信仰中，

也已經是大逆不道，等同「投共」。對本土價值來說，馬英九諂媚台灣最大威脅者中國的行為，當然是外患罪，在中華民國信仰裡，或許這不算外患罪，但也絕對是內亂罪。

有當過前總統身分的人士，卻濫用這樣的身分，去從事內亂外患行為，這是相當嚴肅的問題。若還讓他繼續享有國家前領導人身分，那麼，所有保衛台灣以免中國入侵的不論軍民，一定如同馬英九過去的名言「不知為何而戰」。

監察院或是司法單位，應該立即啟動調查，馬英九涉及內亂事證明確，應該予以拔除前總統的頭銜，以及相對應的各種優待。

國民黨也應立即向人民說明，馬英九身為國民黨提名當選的前總統，以及身為前國民黨主席，前往中國的言行，到底代不代表國民黨立場？若否，國民黨應開除其黨籍，並向國民為了過去提名他而道歉。若是，那麼國民黨就成為通匪的叛亂組織。國民黨所有想要參選總統的可能人選，也應立即對此表明立場，否則不用參加總統大選了。

絕大多數台灣人，都不想要遭中華人民共和國統治，維護台灣主權更是全民明確共識，不論意識形態認同為何，藍綠選民都不會接受內亂或外患，通匪只會落得遭全民共同唾棄的下場。

二〇二三年四月四日

重新思考勞動政策，維繫台灣生產力命脈

台灣新生兒一年出生數已降至十四萬人，相對於高峰時期一年曾有四十四萬人，從數學上很明確可以看出必然發生勞動力嚴重短缺，不需到這十四萬新生兒長大後的年代，當前，台灣不論製造業、服務業，自半導體產業，到營造，到餐旅，到農業，全面性短缺人才，已經嚴重影響國家發展。

勞動力問題已經到了必須全盤重新思考的時刻。過去，政府內部有許多陳舊觀念，抱持著保護主義的錯誤想法，認為外勞會「搶本勞工作」，這種想法是對市場經濟根本理解錯誤，產業有上下游，工作也有不同性質，產業鏈與工作鏈是互補關係。

目前台灣同等工作薪資最高、最容易就業的地方是台北市，台北市外的縣市人才移居者加上通勤者估計超過就業人口半數，今天如果規定台北市以外的人都不能在台北市工作，台北市的就業情況會如何？相信所有人都會回答必定變得極差。

同樣的道理，放大到整個國家也是。新加坡、以色列都是善用引進生產力而成為富強國家，小小的新加坡外籍工作者超過一百四十萬人，占總就業人口將近四成；馬來西亞人口三千

三百萬人，也引進了三百萬外籍勞動力。

過去台灣對勞動力的思維採取固陋的保護主義，導致政府所有部門的法規都是以防堵為前提，認為外籍工作者是「補充性」，只是開個涓滴小洞，再設下重重限制，申請需要鉅細靡遺的管制業別、工作項目，各種禁止項目，有如防範洪水猛獸。

這種思維在過去就已經是錯誤，如今台灣全面缺工，少子化註定本勞年年減少，外籍工作者已經不是「補充性」，而是必然成為勞動骨幹，再不改弦易轍，台灣的發展將受嚴重拖累。

如今從半導體業就開始搶人，半導體業都補不滿所需員額，搶到其他製造業嚴重缺工，製造業再向服務業搶人，使得服務業全面哀鴻遍野，許多公司戲稱「只要有手有腳」就收，就業市場上一個普通畢業生有五個以上職缺任君挑選，早已不是需要「保護」的時候。

從總體國家戰略來思考，當一年只有十四萬人出生，這十四萬人應該盡可能去做價值最高的工作，所以半導體業搶人也無可厚非，畢竟是台灣「護國神山」，不只經濟發展還有戰略作用，之後還要抽出國軍所需的戰力，其他工作職缺，應由外籍勞動力補足，而不是還想著要「保護」本勞去做那些工作，這才是合乎國家資源最佳化的邏輯。

不僅國防戰略，國際外交戰略上也相同，有越多外籍人士在台工作，當中國要侵略台灣時，各國就會越關切，因為有許多他們的國民在台灣。台灣是工商立國的國家，台灣的命脈繫於產業經濟的發展，而大量外籍工作者也是台灣的外交屏障，與半導體業的矽屏障一同保護國家安全。為了台灣的生存，勞動力政策已到必須全面鬆綁的時刻。

二〇二三年四月十一日

引進外籍人才，是本國人才的解放——從洗衣機到外傭的反思

台灣許多社會主義學者談起勞動問題，總是違反市場基本原理，抱持固陋的保護主義，聲稱引進外籍人才就會「搶了本國人的工作」，這種謬論隨著過去許多工運運動者進入政府，甚至成為難以撼動的迷信。

在洗衣機普及之前，世界各國的婦女，有高達三分之一的時間耗在洗衣服之上，也因此只能成為家庭主婦。洗衣機普及之後，如今社會學與女性主義學者讚揚科技解放了女性，歐美婦女從洗衣服的勞務中解放出來，產生大量職業婦女，促進了歐美經濟繁榮發展與兩性平權。

試問，我們會說洗衣機「搶了婦女的工作」嗎？實情是，婦女的洗衣工作「被搶」以後，進入職場擔任更高價值的工作，成就了婦女，也成就了社會。

台灣勞動力當前陷入嚴重不足，其最主要原因，是生育率的低下，但還有一個次要原因，就是婦女的勞動參與率偏低，若詳細分析，婦女並不是一開始就不進入職場，而是生育年齡之後，勞動參與率就陡然下降。這有很明顯的原因。

固陋的保護主義認為要保護本勞保母的工作，保母是辛苦繁瑣的工作，待遇若沒有比大部

分基層工作高，沒有人願意當，但若保母薪資比婦女自己的工作還高，婦女合理的選擇，就只能自職場離職，自己照顧小孩。多年後，因脫離職場太久，產生落差，導致難以回到職場。若想保住工作，只能選擇不生小孩，自然生育率低落。

另一方面，如今台灣人大多晚婚，小孩長大往往就開始面臨長輩逐漸需要照護，又面臨同樣的固陋保護主義：認為要保護本勞的工作，對外傭嚴加限制。同理，照護是艱辛的工作，待遇若沒有比大部分基層工作高，誰會願意當？但當照護員的薪資比自己還高，其結果婦女又要脫離職場照顧家中長輩。

「保護」的結果，本勞也還是沒有工作，只是迫害台灣婦女，逼使其脫離職場，荒廢職涯發展，被迫擔任無累積性、無發展性可言的照護工作，釀成婦女勞動參與率無法提升的苦果。

台灣對外傭需求殷切，無數家庭在暴虐的保護主義下受苦，為了一絲喘息，形成各種造假、非法與灰色地帶亂象，其實，民主政府應該反映民意、為民服務，當人民有迫切的需求，政府應該盡量滿足，不是從象牙塔高高在上的用反市場的迷信對人民施加桎梏。

洗衣機解放了婦女的洗衣工作，使人類文明飛越，如今我們同樣應該將台灣婦女從照護工作解放出來，台灣女性的職涯成就將更為耀眼，也將帶動台灣社會經濟大幅成長，生育率也才能恢復。如今台灣的勞動力已經拉警報，生育雖緩不濟急，但婦女勞參率提升可為及時雨。該是拋棄不切實際的保護主義的時候了。

二〇二三年四月十八日

龍應台重新讀讀自己過去的文章！

龍應台大概是台灣黨國時代人物經歷時代變遷後，顯露出可笑程度最高的第一人，過去她成名之作是指著「一千八百萬台灣人」頤指氣使地說「中國人，你為什麼不生氣」，當年許多還沉溺黨國教育的台灣人乖乖聽訓，如今應該都發現簡直荒謬到了極點。

胡錦濤時代統戰策略主軸是「用買的比打的便宜」，降低武力威脅，那時的龍應台又裝模作樣的向胡錦濤發出公開信稱「請用文明來說服我」，這時改自稱「作為一個台灣人」，台灣人對龍應台很寬宏大量，既然她願意悔改認同台灣，台灣人也不計前嫌的接受，還有很多人對她當時的文章叫好，她那時說：

「如果中國的『價值認同』是由一群手持鞭子、戒尺和鑰匙的奴才在壟斷它的解釋和執行，而獨立的人格、自由的精神是被打擊、戒律、監控的對象，請問……用什麼東西去跟他談統一，而他不致被人嘲笑、咒罵呢？」

當年龍應台發出公開信的原因是北京《冰點》周刊被迫停刊。時隔十幾年，如今讀書共和國旗下的八旗文化總編輯富察，因為返中辦理解除中國籍，遭拘禁失聯，結果，現在的龍應台對此一聲不吭，反而向《紐約時報》投書，說「北京未開一槍，已給台灣社會帶來裂痕」。

台灣人真的不知道該對龍應台說什麼，她在〈中國人，你為什麼不生氣〉裡頭大聲疾呼受欺負的人應該「雙手扠腰，很憤怒的對攤販說：『請你滾蛋！』他們不走，就請警察來……這一團怒火應該往上燒，燒到警察肅清紀律為止，燒到攤販離開你家為止。」

如今台灣人就是這樣做，要求中國軍機軍艦滾蛋，它們不走，就叫國際警察美國來，這團怒火要燒到中國離開我們的家園為止。這是過去龍應台指著全台灣人鼻子說應該要做的事，結果龍應台現在竟然說，台灣人這樣做「正在分裂台灣社會」。

過去龍應台說「請用文明來說服我」，現在她說「當一個更強的霸凌者威脅你的時候，難道不應該先嘗試去緩和局勢嗎？」意思就是用拳頭可以說服她，遇到強權霸凌，她就要趕緊去下跪。

龍應台說「中國人怕事、自私，只要不殺到他床上去，他寧可閉著眼假寐。」如今我們知道為何她能講得這麼的貼切，原來她就是那個中國人。

她過去說「在台灣，最容易生存的不是蟑螂，而是『壞人』」，的確如此，因為台灣人很寬大，就像有人對台灣人高高在上指教幾十年，靠這樣成名賺錢之後，現在又全部推翻自己的論點，也不怕被人笑，「自己不尷尬，尷尬的就是別人」。

當然台灣人並不笨，龍應台這種文痞，在台灣早就過氣，年輕一代沒人當一回事，如今只是《紐約時報》搞不清楚，竟然收了她的投書，才讓台灣人氣炸。

《紐約時報》一貫親中，會刊登這樣的文章也是意料中事，台灣人要更加勇敢發聲，告訴中國與國際：龍應台之流不代表台灣，台灣人必會為自身的自由民主人權奮戰到底，中國不要心存僥倖。

二〇二三年四月二十五日

南韓大聲說出：台灣問題是全球的問題

南韓總統尹錫悅於訪美前接受專訪指出：「台灣問題不僅是中國與台灣之間的問題，而是像北韓問題，是全球性的問題。」可說一針見血，相對的，在台灣，還有許多人認為台灣跟中國是「兩岸」問題，尹錫悅可說敲醒了這些台灣人，因為中國威脅台灣從來都是全世界的問題。

尹錫悅就任後，積極消除前任文在寅試圖親中的錯誤政策，回歸美國的聯合大包圍中國策略的一環，包括與日本關係也快速改善。文在寅時代屢屢向日本挑起衝突，如今雙方認清中國才是東亞的最大威脅，需攜手對抗，（二〇二三年）三月時尹錫悅出訪日本，五月日本首相岸田文雄赴南韓，兩國也彼此重新將對方加入貿易白名單，「穿梭外交」織起兩國關係回溫。

美國與南韓的關係同樣快速拉近，美國與南韓稱，為了威懾北韓，使其不敢輕舉妄動，以緩和南韓國內因應北韓威脅不斷高漲的發展核武聲浪，因此美國將部署核子戰略武器於南韓。在這樣的機制下，美國自一九八〇年代以來，首度派遣核子飛彈潛艇到南韓港口。

不過，其實若美國要對付的真是北韓，可說殺雞焉用牛刀，更別說以其核子潛艇所攜帶的三叉戟飛彈射程，在北太平洋或北極海都遠遠足以壓制北韓。之所以把核子潛艇開到南韓，

「項莊舞劍，意在沛公」，表面稱是為了北韓，實際上是把核潛艇開到中國家門口，給中國一頓排頭吃。

中國無力抵抗，只好假裝沒看到，甚至竟然不敢抗議核潛艇出現在北京門戶附近，而是只敢照著美國的說法，批評刺激北韓。

南韓堅定的加入印太中國包圍網，與日本修復關係，加上日本大舉提升國防預算、澳洲積極發展長程飛彈武力，以及菲律賓新增四處美軍基地，環環相扣，可以看出「美國隊」越見團結強大，台灣要認清中國是全球威脅，壓制中國是全球的問題，台灣是其中一環，應負起國際責任，加入國際主流陣營。

南韓在這方面也是一個很好的範例，過去台灣在馬英九執政期間，以為全面親中可以「拚經濟」，結果卻是台灣各方面輸南韓越輸越多，使台灣人「好想贏南韓」，風水輪流轉，南韓文在寅執政期間也試圖親中，一個任期下來，南韓優勢全失，如今台灣人均國民生產毛額反超南韓，不再需要「好想贏」。

加入國際主流，國家興旺，鎖在中國，國家衰亡，這是文在寅給我們的前車之鑒；尹錫悅則提醒我們：中國威脅是全球的問題，國際主要國家都站在大包圍中國的一方，為了捍衛民主自由人權的價值，以及為了壓制惡霸國家以保衛全球和平，台灣一定要全心全力參與，也必會得到豐厚回報。

二〇二三年五月二日

台美國防產業交流，火箭不只是太空科幻夢

太空科技是一種「男人的浪漫」，世界各國都有許多業餘製作拼裝火箭的「憨人」。過去冷戰時代，太空科技是國家面子的象徵，美蘇因此以政府資金發起太空競賽，冷戰結束後，人類太空發展也因此跟著放慢腳步。

如今馬斯克的太空探索，證明由民間公司進行太空科技研發比政府更有效率，也創造出商業模式，先從發射衛星業務出發，接著發展「星鏈近地衛星網路」計畫，在烏克蘭戰爭中大出鋒頭，重新證明太空技術對國安戰略的重要性。

台灣過去的太空技術發展只限於製作衛星，福爾摩沙衛星七號是由太空探索的獵鷹火箭發射升空，如今台灣也有了自己的民間火箭科技公司。五月一日，美台商會率領美國國防產業代表團一行近卅人參訪本土火箭公司──台灣晉陞太空科技。

火箭技術相當關鍵，不只是可以發射衛星，在國防產業領域，從洲際彈道飛彈乃至於抵禦彈道飛彈的愛國者飛彈等防衛系統，小至較小的各式飛彈、火箭彈，都與火箭科技有關。台灣火箭公司獲得美國國防產業鏈青睞，是相當的肯定，若能打入美國國防供應鏈，對台美國防合

作有莫大助益，另一方面，也等於厚植台灣本身的國防武力自產能量。

太空科技十分艱難，各國發射屢屢失敗，日本宇宙航空研究開發機構近來新型火箭發射失敗自毀，即使是太空探索，其成就也是建立在數不清的「失敗為成功之母」上，上個月試射星艦可回收式太空船，在世人見證下發生驚人爆炸，全體職員卻興奮鼓舞，因為失敗也是一種學習，未來將往成功更邁進一步。

晉陞太空科技同樣經歷數次困難，其「飛鼠一號」在台灣遍尋發射場地，因法規、抗爭、天候等問題轉戰澳洲，獲得美日印澳「四方安全對話」一員的澳洲大力支持，雖然澳洲試射失敗，但失敗乃火箭產業兵家常事，如今獲美國國防產業鏈肯定，可見其技術值得期待，未來可望成為台灣安全後盾，不論是發射軍事衛星，或是成為各種飛彈武器的基礎。

晉陞太空科技創辦人陳彥升博士，原任職美國航太總署，於二〇〇五年返台加入國家太空中心研發團隊，任國家太空中心探空火箭計劃主持人，二〇一六年創業，火箭事業是資本技術密集產業，門檻相當高。筆者擔任福和會理事長，陳彥升為本會理事，如今其奮鬥成就獲美國產業界肯定，與有榮焉。

台灣不是只有台積電，許多默默耕耘的產業都逐漸在世界產業鏈中嶄露頭角，不論是否直接與國防產業有關，都是台灣的護國群山，台灣人應對自己更有信心，並以之為榮，且更重視產業發展，以達富國強兵的目標。

二〇二三年五月九日

有所不可攻——捍衛和平的唯一途徑

許多政治人物談和平，都喜歡引用《孫子兵法》〈謀攻〉篇的名言「不戰而屈人之兵」，但是其中部分人，尤其是國民黨為首的許多在野黨人，卻對這句話有完全錯誤的解讀。

孫子的「屈人之兵」，是以威懾能力讓對方不敢發兵，國民黨卻老是認為卑躬屈膝跑去討好中國，甚至不要戰備，就叫做「不戰」，國民黨這種作法，跟孫子的教誨完全背道而馳。

其實，《孫子兵法》在後續的〈九變〉篇之中詳細說明如何「不戰而屈人之兵」：「故用兵之法，無恃其不來，恃吾有以待之；無恃其不攻，恃吾有所不可攻也。」

不是依靠對方沒有攻打過來，而是依靠本身有充足的戰備，依靠我方本身固若金湯無法攻陷，對方若打過來，會被我方的防衛力量打得滿地找牙，攻擊失敗，這樣才是維護國家安全的辦法。

而對方一考慮到我方有堅實戰備，攻打過來無機可乘，只會鼻青臉腫、醜態百出，讓他們從一開始就放棄要進攻的想法，這才是「不戰而屈人之兵」，才是確保和平的唯一辦法。

台灣民眾現在最希望的，就是「中國不來」、「中國不攻」，該如何達到這個目標？把孫子的說法換個方向說，就是「有以待之」則敵人不來，「有所不可攻」則敵人不攻。換言之，只要台灣戰備準備完全，防衛堅實無機可乘，中國就不會攻過來。

反之，要是像藍、白黨所幻想的，去跟中國求饒就不會發生戰爭嗎？恰恰相反，南唐李後主對宋百依百順，宋仍是非滅了南唐不可，而宋代文人蘇洵在〈六國論〉中評論東亞戰國時代六國為何遭秦國滅亡，就是「弊在賂秦」，討好秦國只是「抱薪救火」，只會一路通往滅亡，「薪不盡火不滅」。

其實不需要嫻熟《孫子兵法》或是〈六國論〉，台灣年輕一代小時候都看過的日本經典動畫作品小叮噹（近譯「哆啦A夢」），就已經把這個道理闡述得很清楚了，故事中，大雄對技安總是卑躬屈膝、百般討好、跪地求饒，從來都只會被霸凌得更慘，只有當小叮噹拿出法寶修理技安，技安才不敢欺負大雄。

國民黨卻總是宣傳，要小叮噹準備法寶就是戰爭，叫大雄應該要把小叮噹扔掉，去跟技安磕頭就有「和平」。聰明的台灣人一定不會受騙，要是真的把小叮噹丟掉，不會被技安欺負到死嗎？

二〇二三年五月十六日

侯友宜杯水論，正是中國國民黨DNA

國民黨總統候選人侯友宜，先前發表狂妄的「杯水論」，稱「中華民國」是杯子，台灣只是杯子裡裝的水，言下之意就是台灣隨時可以被蒸發、凍結、汙染甚至潑掉，杯子還可以換裝新的水。侯友宜經常自稱嘉義朴子本土出身，心態上卻認為台灣母親是可以隨便潑掉換掉，與中國「留島不留人」的恐嚇遙相呼應，早已讓人不寒而慄。

侯友宜在疑雲重重的國民黨初選獲勝後，又發表「DNA論」，DNA是生醫領域，侯友宜應該先詢問自己的親兄弟高雄醫學大學臨床醫學研究所的侯明鋒院長。通常我們談及DNA，並不是指去氧核糖核酸分子本身，而是其上記載的生物遺傳訊息，亦即「基因」。

侯友宜聲稱「民主自由」是中國國民黨的DNA，讓人絕倒，中國國民黨黨史明確記載，現在的中國國民黨，源自於中華革命黨。

民國初年宋教仁揉合中國所有黨派（同盟會系統只是其中一部分，孫文系統又只是泛同盟會系統中的一小部分）推動內閣制（孫文反對內閣制）的國民黨，在宋教仁遭謀殺，孫文發起二次革命失敗後，遭袁世凱解散。

孫文認為敗給袁世凱都是因為不夠專制極權，重起爐灶成立中華革命黨，要求黨員都要捺手印發誓向孫文個人效忠，長年的革命夥伴黃興無法接受這種專制極權個人崇拜，大怒離開。一九一九年再改組為中國國民黨。

由此可知，中國國民黨的基因就是個人崇拜獨裁專制，傳承到蔣介石，還再傳給自己的兒子蔣經國，小蔣吹噓老蔣是「人類的救星，世界的偉人」，這個稱號就跟北韓的金日成一模一樣，傳子的家天下也跟金日成、金正日、金正恩如出一轍。

小蔣還號稱老蔣是「自由的燈塔，民主的長城」，所謂的「自由」卻是白色恐怖連話都不能多講，黑名單回不了國，而普通大眾沒有黨國關係很難出得了國，學生還有髮禁；所謂的「民主」是雖有投票，卻可隨意買票、作票，當年投票完常常會停電，黨國特務就摸黑把選票都換走。

直到李登輝先生才改變國民黨，為台灣帶來真正的民主自由，但國民黨人對李登輝深惡痛絕，認定是入侵、滲透、寄生，毫不留情的將李登輝轟出國民黨，也就是說，李登輝不是國民黨的基因。

如果侯友宜認定「民主自由」是中國國民黨的ＤＮＡ，看來侯友宜對「民主」的定義，大概就是中華人民共和國的「人民民主專政」，侯對「自由」的定義，就是中華人民共和國憲法也說保障言論自由、宗教信仰自由、人身自由，實際上毫無自由。

中國國民黨在中國原本跟滇桂軍閥合作，鬧翻後跟陳炯明合作，又再度鬧翻；跟共產黨一起北伐到一半，發動清黨；跟各大軍閥一起剿共，把解放軍往西南趕借刀殺人；在中國搞砸，拍拍屁股跑來台灣；來台灣不好好經營，只把「復興基地」當成跳板，整天夢想「反攻大陸」；李登輝帶來民主自由，卻把李登輝趕走，還謊稱自己民主自由。

其實，中國國民黨的基因就是侯友宜的「杯水論」，總是把水潑掉，換別的水，侯友宜很自然說出杯水論，顯然完全繼承了國民黨的基因。但是，水潑落地難收回，台灣人也不會再被國民黨的杯水基因給欺騙了。

二〇二三年五月二十三日

後記

林逸民

一個國家如何思考國家戰略，在這個危機四伏的世界中生存、茁壯、永續發展，仰賴國際現實主義的思維。一般認為，國際現實主義可以追溯到《伯羅奔尼撒戰爭史》中，雅典侵略米洛島時的「米洛對話」，西方世界從古希臘的歷史開始，經歷無數國際賽局，因此對於不同地位、實力、環境下的國家，在所處賽局中，應該如何應對才有最好的下場，從歷史汲取智慧的歐美保守主義菁英大多嫻熟於心。

相對的，東亞歷史則總是違反賽局常識，東亞中原戰國時代，六國合理的生存策略應是團結對抗秦國，卻遭「連橫」而被一一消滅；三國時代，吳蜀合理的生存策略應是聯盟抗魏，卻自相殘殺打起夷陵之戰；北宋面對金崛起的威脅程度超過遼，合理的生存策略應是聯遼制金，卻選擇聯金滅遼，而有了「靖康恥」；南宋已經學過一次教訓，面對蒙古崛起的威脅程度超過金，應該選擇聯金制蒙，卻又選擇聯蒙滅金，最終自身遭蒙古摧毀。

台灣人在過去國民黨教育下，對世界史較不熟悉，耳熟能詳的都是東亞史，這使得台灣人的想法往往不大符合「國際現實」。

冷戰的歷史也影響台灣的政治發展。一九八三年六月，全球五十六國、七十多個保守主義政黨成立國際民主聯盟（ＩＤＵ），創辦人之中有英國柴契爾夫人、美國老布希總統、法國席哈克總統、德國總理柯爾等，這是國際共同對抗共產主義的反左陣營，參加的政黨包括美國共和黨、英國保守黨、日本自民黨等，不幸的是，當時代表台灣參加的是國民黨。

在這樣的歷史因素下，台灣民主運動自黨外時代起，因為反對國民黨，結交的對象主要是美國民主黨，也就與國際上的保守主義政黨與組織形同陌路。相對於世界上主要國家的政治立場大多分為左右，普世價值有左右之分，左派高舉進步是普世價值，右派認定保守才是普世價值，台灣卻沒有真正的左右之分，不同意識形態的政黨大多一面倒的認定「進步價值」，結果台灣人因此變得更加「不現實」，甚至誤認為保守主義是守舊、落伍。

這對於台灣要在強鄰的陰影下生存並沒有幫助。因此，我與許多畢生老友及忘年之交，在已故的李席舟長老提議下，共同發起了福和會，以將保守主義的思想引進台灣，讓台灣能夠跟隨國際現實主義，在詭譎的國際局勢中存活、茁壯、永續發展，並期望最終能成為一個光榮偉大的國家。最初創會理事長為前財政部長顏慶章博士，陰錯陽差之下，由我接手，並連任至今，有幸在所有理監事與秘書長以下工作人員的辛勞中，有了一些小小成果。

我原本的專業是醫學，由於在創辦與擔任福和會理事長的過程中，對保守主義有了更進一步的了解，且考量台灣也需要更多保守主義的言論，因此於《自由時報》「自由廣場」投書，不意相當受歡迎，很快變成每週固定刊載，有如專欄。許多讀者甚至遠道而來，不需看病卻到羅東五福診所掛號，只是為了當面表達對拙作的欣賞，對此我感到相當光榮，也強烈感受到媒體傳播的影響力之廣，深覺任重而道遠。

不知不覺，每週刊載已經兩年多，為了讓這些文章能更有系統性的呈現，因此在秀威資訊宋政坤社長的建議下，有了結集成書的構想。我身為眼科醫師，且希望闡述福和會的觀點，為台灣人帶來更多國際戰略觀，因此，就名為《放眼看天下》。雖然不才，但愚者千慮，必有一得，想必如此大量的文字中，還是能有一些值得一讀；然而，智者千慮，必有一失，若其中有思慮不周之處，也還請包涵。

本書承蒙各界先進大德支持，在此感謝副總統暨前行政院長賴清德醫師、前交通部長與總統府秘書長林佳龍博士、前行政院長與總統府秘書長暨立法院長游錫堃、范疇大師、資深媒體人前經濟日報副社長盧世祥，特別作序推薦，也感謝秀威資訊宋政坤社長鼓勵成書，以及負責編輯作業的鄭伊庭經理與其他一同催生此書的秀威同仁。感謝福和會所有會員與工作同仁、

《自由時報》發言人暨「自由廣場」主編蘇宇暉，也感謝正在閱讀本書的你，若認為書中的主張有點道理，請不吝推廣，讓更多台灣人能理解本土價值、保守主義，而能讓台灣往正常化的方向多邁進一步。

謹此後記。

釀時代35　PF0339

放眼看天下
──林逸民評論集

作　　者　林逸民
責任編輯　鄭伊庭
圖文排版　陳彥妏
封面設計　吳咏潔

出版策劃　釀出版
製作發行　秀威資訊科技股份有限公司
114 台北市內湖區瑞光路76巷65號1樓
電話：+886-2-2796-3638　傳真：+886-2-2796-1377
服務信箱：service@showwe.com.tw
http://www.showwe.com.tw
郵政劃撥　19563868　戶名：秀威資訊科技股份有限公司
展售門市　國家書店【松江門市】
104 台北市中山區松江路209號1樓
電話：+886-2-2518-0207　傳真：+886-2-2518-0778
網路訂購　秀威網路書店：https://store.showwe.tw
國家網路書店：https://www.govbooks.com.tw
法律顧問　毛國樑　律師
總 經 銷　聯合發行股份有限公司
231新北市新店區寶橋路235巷6弄6號4F
電話：+886-2-2917-8022　傳真：+886-2-2915-6275

出版日期　2023年7月　BOD一版
2023年8月　二刷
定　　價　360元

讀者回函卡

Printed in Taiwan

國家圖書館出版品預行編目

放眼看天下：林逸民評論集 / 林逸民著. --
一版. -- 臺北市：釀出版, 2023.07
面； 公分
BOD版
ISBN 978-986-445-808-0(平裝)

1.CST: 臺灣政治 2.CST: 言論集

573.07 112005249